BEI GRIN MACHT SICH IHR WISSEN BEZAHLT

- Wir veröffentlichen Ihre Hausarbeit, Bachelor- und Masterarbeit

- Ihr eigenes eBook und Buch - weltweit in allen wichtigen Shops

- Verdienen Sie an jedem Verkauf

Jetzt bei www.GRIN.com hochladen und kostenlos publizieren

Anja Huballah

Sprachförderung und Sprachtherapie in der Schule - neue Perspektiven
Band 3

Inklusive Bildung in der Sprachheilpädagogik

Zwischen Chancen, Risiken und Grenzen

GRIN Verlag

Bibliografische Information der Deutschen Nationalbibliothek:

Die Deutsche Bibliothek verzeichnet diese Publikation in der Deutschen Nationalbibliografie; detaillierte bibliografische Daten sind im Internet über http://dnb.d-nb.de/ abrufbar.

Dieses Werk sowie alle darin enthaltenen einzelnen Beiträge und Abbildungen sind urheberrechtlich geschützt. Jede Verwertung, die nicht ausdrücklich vom Urheberrechtsschutz zugelassen ist, bedarf der vorherigen Zustimmung des Verlages. Das gilt insbesondere für Vervielfältigungen, Bearbeitungen, Übersetzungen, Mikroverfilmungen, Auswertungen durch Datenbanken und für die Einspeicherung und Verarbeitung in elektronische Systeme. Alle Rechte, auch die des auszugsweisen Nachdrucks, der fotomechanischen Wiedergabe (einschließlich Mikrokopie) sowie der Auswertung durch Datenbanken oder ähnliche Einrichtungen, vorbehalten.

Impressum:

Copyright © 2011 GRIN Verlag, Open Publishing GmbH
Druck und Bindung: Books on Demand GmbH, Norderstedt Germany
ISBN: 978-3-640-93400-3

Dieses Buch bei GRIN:

http://www.grin.com/de/e-book/173180/inklusive-bildung-in-der-sprachheilpaedagogik

GRIN - Your knowledge has value

Der GRIN Verlag publiziert seit 1998 wissenschaftliche Arbeiten von Studenten, Hochschullehrern und anderen Akademikern als eBook und gedrucktes Buch. Die Verlagswebsite www.grin.com ist die ideale Plattform zur Veröffentlichung von Hausarbeiten, Abschlussarbeiten, wissenschaftlichen Aufsätzen, Dissertationen und Fachbüchern.

Besuchen Sie uns im Internet:

http://www.grin.com/

http://www.facebook.com/grincom

http://www.twitter.com/grin_com

Humboldt-Universität zu Berlin
Philosophische Fakultät IV
Institut für Rehabilitationswissenschaften
Abteilung Sprachbehindertenpädagogik

INKLUSIVE BILDUNG IN DER SPRACHHEILPÄDAGOGIK

—

ZWISCHEN CHANCEN, RISIKEN & GRENZEN

- Masterarbeit -

Verfasserin: Anja Huballah

Berlin, 15.03.2011

Inhaltsangabe

Einleitung..4

Teil I: Theoretische Grundlagen

1. Diversität als Normalität - die Idee der Inklusion

1.1 Von der Integration zur Inklusion...5
1.2 Der Anspruch inklusiver Bildung..9
1.3 UN-Konvention über die Rechte von Menschen mit Behinderungen............13

2. Spezifische Situation der schulischen Sprachheilpädagogik

2.1 Historischer Rückblick mit dem Fokus auf integrative Entwicklungen............15
2.2 Sprachheilpädagogisches Handeln im Unterricht
    2.2.1 Konzepte sprachheilpädagogischen Unterrichts...................18
    2.2.2 Prinzipien sprachheilpädagogischen Unterrichts................... 21

Teil II: Diskurs

3. Stellungnahmen zur Inklusion aus der Sprachheilpädagogik

3.1 „Integration durch Rehabilitation"..24
3.2 Konzeption der Nichtaussonderung..25
3.3 Gestuftes System sprachheilpädagogischer Förderung............26

4. Risiken bei der Umsetzung inklusiver Bildung

4.1 Hindernisse durch bildungspolitische Strukturen..................... 29
4.2 Verlust von Professionalität...32
4.3 Schwierigkeiten bei der Umsetzung des gemeinsamen Unterrichts............34

5. Chancen bei der Umsetzung inklusiver Bildung

5.1 Allgemeine Vorteile inklusiver Bildung 37
5.2 Chancen für Kinder mit sprachlichen Beeinträchtigungen 38
5.3 Möglichkeiten der Umsetzung des gemeinsamen Unterrichts 40

6. Grenzen in der Umsetzung inklusiver Bildung

6.1 Widersprüche und Einschränkungen 43
6.2 Voraussetzungen und Bedingungen 47

7. Fazit

7.1 Resümee 51
7.2 Stellungnahme und Ausblick 53

8. Quellenangaben

8.1 Literaturangaben 56
8.2 Zeitschriftenartikel 58
8.3 Internetquellen 59

9. Anhang

9.1 Schwerpunkte sprachheilpädagogischer Schulbildung in den Bundesländern 61

Einleitung

Aus der Perspektive einer angehenden Lehrerin nehme ich seit geraumer Zeit Veränderungen und Entwicklungen in der Schullandschaft und Bildungspolitik wahr. Debatten um den Begriff der Inklusion, seinen theoretischen Anspruch und seine Auswirkungen auf die Praxis sind in vielen Bereichen der Pädagogik zu vernehmen. Es bestehen vereinzelt Ansätze und Versuche, Schulen inklusiv zu gestalten. Diese Gestaltung stellt sich schnell als anspruchsvolle Aufgabe heraus; in der Praxis treten komplexe Schwierigkeiten auf und teilweise verläuft die Umsetzung aufgrund verschiedenster Faktoren in eine konträre Richtung. Hieraus entsteht vor allem auf Seiten der PraktikerInnen[1] Missmut und Frustration (vgl. Hinz 2002, S.357).

Die berufliche Zukunft der nachfolgenden LehrerInnengeneration ist durch die sich verändernden Strukturen der Schullandschaft ungewiss. SprachheilpädagogInnen stellen sich die Frage nach ihrem zukünftigen Einsatzort und Aufgabenfeld. *Werden wir an einer Sprachheilschule[2] sprachtherapeutisch unterrichten, in einer Klasse in Kooperation mit RegelpädagogInnen im gemeinsamen Unterricht eingesetzt oder werden wir in mehreren Schulen beispielsweise als systemische BeraterInnen tätig sein?* Diese Fragen bewegten mich dazu, die komplexe Idee[3] der Inklusion, mit all den Befürchtungen und Hoffnungen, die sie umgibt, zum Thema meiner Abschlussarbeit zu machen.

Der übergeordnete Anspruch der Inklusion ist die volle und gleichberechtigte Teilhabe aller Menschen am gesellschaftlichen Leben (vgl. Albers 2010, S.52). Bei dem Versuch, das Konzept der Inklusion in die schulische Praxis zu übertragen, entstehen einerseits positive Reaktionen und kreative Ansätze zur Gestaltung des gemeinsamen Unterrichts, andererseits vielschichtige Befürchtungen, Missverständnisse und Abwehrreaktionen.

Im Mittelpunkt der vorliegenden Arbeit stehen daher die Risiken, Chancen und Grenzen inklusiver Bildung aus der fachspezifischen Perspektive[4] der Sprachheilpädagogik. Hierbei geht es um die zentrale Ausgangsfrage, *wie inklusive Bildung aus Sicht der Sprachheilpädagogik umgesetzt werden kann.*

Zuerst werden im ersten Teil der Arbeit theoretische Grundlagen für den im zweiten Teil

---

1 In der folgenden Arbeit kennzeichnet das Binnen-I, dass einer Personengruppe weibliche und männliche Geschlechter angehören.
2 Zur besseren Lesbarkeit wird der Begriff „Sprachheilschule" in der gesamten Arbeit als Synonym für alle derzeitigen Formen von Schulen mit dem Förderschwerpunkt „Sprache" (Sprachbehindertenschule, Schule für Sprachauffällige etc.) verwendet. Ebenso wird der Begriff „Sprachheilpädagogik" synonym zu anderen aus der Fachliteratur bekannten Termen wie bspw. Sprachbehindertenpädagogik benutzt.
3 Der Begriff „Idee" soll hier den theoretischen und abstrakten Aspekt hervorheben.
4 An dieser Stelle soll darauf hingewiesen werden, dass die Perspektive der Sprachheilpädagogik nur eine, z.T. spezifische Sicht auf das Thema Inklusion darstellt. Inklusion wird u.a. auch in der allgemeinen Pädagogik oder anderen sonderpädagogischen Fachrichtungen diskutiert.

folgenden Diskurs erarbeitet. Im ersten Kapitel wird der Begriff der Inklusion in seinem Ursprung und seiner Entwicklung unter der Fokussierung seines theoretischen Anspruches erarbeitet. Kapitel zwei befasst sich mit der spezifischen Situation der Sprachheilpädagogik aus historischer und didaktischer Sicht. Das darauf folgende Kapitel verschafft einen Überblick über aktuelle Positionen zur Inklusion aus der Sprachheilpädagogik. Anschließend werden sowohl Risiken (Kapitel vier) als auch Chancen (Kapitel fünf) inklusiver Bildung[5] aus der Perspektive der Sprachheilpädagogik[6] betrachtet. Grenzen, die durch Widersprüche zum Anspruch der Sprachheilpädagogik und fehlende Rahmenbedingungen entstehen, werden in Kapitel sechs erarbeitet. Schließlich soll der Diskurs im letzten Kapitel resümiert werden und ein Stellungnahme zur Thematik die Arbeit komplettieren.

Teil I: Theoretische Grundlagen

1. Diversität als Normalität – die Idee der Inklusion

1.1 Von der Integration zur Inklusion

Der Begriff der (schulischen) Integration ist mehrdeutig. Es existieren vielfältige Konzepte, die zum Teil sehr unterschiedlichen Ansätzen folgen oder verschiedene Schwerpunkte setzen. Bei Schöler beispielsweise steht die Nichtaussonderung und Normalisierung im Fokus, bei Feuser das „Lernen am gemeinsamen Gegenstand". Speck hingegen thematisiert die soziale Eingliederung von Menschen mit Beeinträchtigungen in alle Lebensbereiche (vgl. Braun 1999, S.217f.).[7]

Die Integrationsbewegung in Deutschland hat ihre Anfänge in den 70er Jahren. Das erste integrative Modellprojekt entstand 1975 an der Fläming-Grundschule in Berlin (vgl. Projektgruppe Integrationsversuch 1988, S.11). Die integrative Beschulung bildete zu diesem Zeitpunkt eine besondere Ausnahme. Denn die KMK[8]-Empfehlungen von 1972 sahen bei einer positiven Feststellung von „Sonderschulbedürftigkeit" die jeweilige Sonderschule als einzigen Förderort vor (vgl. Albers 2010, S.60). Vor allem Eltern

---
5 Die vorliegende Arbeit beschränkt sich hierbei, insbesondere bezüglich didaktischer Überlegungen, auf die Primarbildung (Elementar- und Sekundarbildung sowie Berufsausbildung können, aufgrund fehlender Literatur und Platzmangel, nur marginal mitgedacht werden). Aufgrund dessen wird im Folgenden als Bezugsgruppe oftmals Kinder genannt.
6 Neben spezifisch-fachlichen Überlegungen, betreffen die Sprachheilpädagogik selbstverständlich auch allgemeine Überlegungen (u.a. in Kapitel 5.1) bezüglich der Umsetzung inklusiver Bildung.
7 Aufgrund von Platzmangel kann hier nicht differenzierter auf den Integrationsbegriff eingegangen werden.
8 Die Abkürzung KMK steht für Kultusministerkonferenz.

beeinträchtigter Kinder setzten sich immer wieder für Möglichkeiten einer integrativen Beschulung ein. Auch der Deutsche Bildungsrat verfasste 1973 Vorschläge zur gemeinsamen Beschulung behinderter und nicht behinderter Kinder. Ihre Forderung nach einem kooperativen Schulzentrum, das aus der Zusammenlegung von allgemeiner Schule und Sonderschule bestehen sollte, wurde zu jener Zeit nicht umgesetzt. Erst in den 90er Jahren nahmen integrative Bestrebungen auch außerhalb von Schulversuchen zu. Diese Entwicklung ist voranging auf die KMK-Empfehlung von 1994 zurückzuführen, die einen Paradigmenwechsel von der Feststellung der „Sonderschulbedürftigkeit" zur Feststellung des „sonderpädagogischen Förderbedarfs" vornahm. Bei der Feststellung eines sonderpädagogischen Förderbedarfs ist die Förderung nicht mehr unmittelbar an die Institution Sonderschule gebunden, sondern kann auch an anderen Förderorten stattfinden (vgl. ebd., S.60ff.).

In den Bundesländern entwickelten sich verschiedene integrative Formen, beispielsweise das Konzept des gemeinsamen Unterrichts oder Kooperationen zwischen Grund- und Sonderschulen. Qualitätsprobleme der Integration wurden jedoch schnell deutlich. Die Integrationspraxis weicht häufig elementar vom theoretischen Anspruch der Integration ab, beispielsweise wird einseitig äußere Differenzierung als Methode genutzt, sodass eher neben- als miteinander gelernt wird (vgl. Hinz 2002, S.355, Sander 2001, S.4). „Der am häufigsten beschriebene Mangel in der Praxis der Integration besteht offensichtlich darin, dass sie als rein organisatorische, additive Maßnahme durchgeführt wird." (Sander 2001, S.4). Die Strukturen der Regelschule[9], der Unterricht und die Zuständigkeitsbereiche von Regel- und SonderpädagogInnen werden hierbei kaum verändert. Aufgrund der Kritik an der Integrationspraxis in Deutschland entsteht die Forderung nach einer erweiterten, verbesserten Integration. Diese Lücke füllt laut Sander das Konzept der Inklusion (vgl. Sander 2004, S.240).

Der Begriff Inklusion[10] ist ebenfalls in der Fachliteratur durch unterschiedliche und unpräzise Definitionen gekennzeichnet. Geprägt durch die Salamanca-Erklärung von 1994 und die UN-Konvention über die Rechte von Menschen mit Behinderung, in Deutschland seit März 2009 verbindlich, ist der angloamerikanische Begriff *inclusion* in Deutschland bekannt geworden. Beide Schriftstücke wurden jedoch in ihren deutschsprachigen Fassungen mit dem Begriff Integration übersetzt, was viele FachvertreterInnen bemängelten. Bis heute werden die Begriffe Inklusion und Integration häufig, auch in pädagogischen Fachkreisen, synonym verwendet (vgl. Sander 2004, S.240, Albers 2010, S.52). Sander kritisiert, „wer mit Inklusion nichts anderes sagen will

---
9 Der Oberbegriff *Regelschule* umfasst allgemeinbildende Schulen wie Grund-, Gesamt-, Real- und Hauptschule sowie das Gymnasium. Ausgenommen sind alle Formen von Sonderschulen.
10 In Kapitel 1.2 wird der Inklusionsbegriff differenzierter betrachtet.

als bisher mit Integration, der könnte eigentlich bei dem eingeführten Begriff bleiben und auf das neue Wort verzichten." (Sander 2004, S.240).

Laut Albers besteht die Unterscheidung von Integration und Inklusion darin, dass Integration die Eingliederung behinderter Menschen in ein bestehendes System anstrebt, Inklusion hingegen intendiert, nicht die Menschen sondern dass System durch Abbau von Barrieren anzupassen. Bei Integration sollen Menschen mit Beeinträchtigungen in die Gesellschaft integriert werden. Im Gegensatz dazu geht Inklusion davon aus, dass Menschen mit Beeinträchtigungen von Beginn an Teil der Gesellschaft sind (vgl. Albers 2010, S.53).[11]

Sander bezeichnet Inklusion als eine verbesserte Integration. Im Rahmen seines Konzepts inklusiver Pädagogik nimmt er eine systematische Einteilung vor, wie Zusammenhänge und Entwicklungslinien von der Integration zur Inklusion erläutert werden können.

Unter Inklusion I versteht er eine undifferenzierte Gleichsetzung mit Integration und folglich den synonymen Gebrauch der Fachbegriffe, wie er heute oft zu finden ist. Inklusion II ist bereits fortgeschrittener, Sander spricht von einer „von Fehlformen bereinigten Integration" (vgl. Sander 2004, S.240ff.). Zu Fehlformen zählen Entwicklungen in der Praxis auf verschiedenen Ebenen, die der ursprünglichen Idee von Integration nicht mehr entsprechen. Es entsteht beispielsweise eine neue Art der Aussonderung, wenn häufig oder ausschließlich äußere Differenzierung als Methode genutzt wird. SonderpädagogInnen nehmen hierbei die Kinder mit Beeinträchtigungen aus dem Unterricht heraus und fördern additiv. Sowohl die SonderpädagogInnen als auch die RegelschullehrerInnen fühlen sich dadurch nicht für alle Kinder zuständig, der Unterricht bleibt frei von Veränderungen und die beeinträchtigten Kinder erfahren Stigmatisierung durch ihre gesonderte Gruppe. Zu Fehlformen können auch schulgesetzliche Ordnungen zählen, die Integration ausschließlich Kindern mit leichten Beeinträchtigungen zugänglich macht (vgl. ebd., S.241). Als Beispiel können hier die bayrischen Kooperationsklassen genannt werden, die als Voraussetzung für die Teilnahme an Integration die Umsetzung lernzielgleichen Unterrichts festlegen. Integrativer Unterricht ist somit nur für SchülerInnen zugänglich, die dem unveränderten Regelschulunterricht mit vereinzelten, temporären Unterstützungsmaßnahmen folgen können (vgl. Schneider 2004a, S.13). Ein weiteres Beispiel für „Verformungen des Integrationskonzepts" sind zu erkennen, wenn kurzweilige Zusammenarbeit von Grund- und Sonderschule bereits als Integration gekennzeichnet wird (vgl. Sander 2004, S.241).

---

[11] Die Definition von Integration, die innerhalb dieser Unterscheidung aufgezeichnet wird, weicht von dem Verständnis von Integration einiger IntegrationsvertreterInnen ab. Als Beispiel kann Feuser genannt werden (vgl. Hinz 2010, S. 41).

Unter Inklusion III versteht Sander eine verbesserte und umfassend erweiterte Integration. Der Unterricht und das gesamte Klassen- und Schulleben verändert sich schrittweise dahingehend, dass „die Unterschiedlichkeit der Kinder nicht mehr als Störfaktor betrachtet wird, sondern als Ausgangslage und auch als Zielvorstellungen der pädagogischen Arbeit." (Sander 2004, S.242). Die Heterogenität der SchülerInnen wird nicht nur wahrgenommen und akzeptiert sondern auch wertgeschätzt. Alle Kinder haben durch diese Leitidee das Recht, in ihren individuellen Bedürfnissen und Stärken gefördert zu werden. Sander konstatiert, „Inklusive Pädagogik kann sich nicht auf die Einbeziehung behinderter Kinder beschränken." (Sander 2004, S.242). Indem das Konzept der Inklusion eine erweiterte Zielgruppe (alle Kinder) und einen vergrößerten Aufgabenbereich annimmt, geht es über den Wirkungsbereich der Integrationspädagogik hinaus (vgl. ebd., S.242).

Historisch betrachtet kann das oben vorgestellte Konzept inklusiver Pädagogik als eine zukünftige Entwicklungsstufe interpretiert werden. In Anlehnung an Bürli, Wilhelm und Bintinger entwirft Sander ein Entwicklungsmodell der Beschulung behinderter Kinder mit fünf prägnanten Entwicklungsstufen (vgl. ebd.).

Die erste Entwicklungsstufe ist die *Exklusion*. Kinder und Jugendliche mit Beeinträchtigungen haben keinen Zugang zur Schulbildung, sie werden vom Schulunterricht ausgeschlossen. Auf der Stufe der *Separation* werden behinderte Kindern in Sondereinrichtungen beschult. In der Entwicklungsphase der *Integration* besuchen SchülerInnen mit sonderpädagogischem Förderbedarf allgemeine Schulen mit Hilfe zusätzlicher Unterstützungsmaßnahmen. *Inklusion* bedeutet, dass alle Kinder in der allgemeinen Schule gemeinsam lernen. Vielfalt wird wertgeschätzt und bildet die Ausgangslage für die Unterrichtsplanung. Als letzte Stufe sieht Sander die *Vielfalt als Normalität*. Der Begriff der Inklusion wird überflüssig, da inklusives Denken selbstverständlich ist und nicht mehr ausdrücklich thematisiert werden muss (vgl. ebd., S.243).

Das deutsche Schulsystem befindet sich mehrheitlich noch auf der Entwicklungsstufe der Separation. Bevor deutsche Schulen die vierte Stufe der Inklusion erreichen, steht noch ein langer Entwicklungsprozess bevor (vgl. ebd.). Hinz macht darauf aufmerksam, dass sich die Prozesse der Integration und Inklusion in unterschiedlichen Phasen befinden (vgl. Hinz 2002, S.361). Integration befindet sich statistisch betrachtet noch am Anfang. Nicht einmal ein viertel aller Kinder mit Beeinträchtigungen werden integrativ beschult.[12] Die Gestaltung einer inklusiven Schule ist in Deutschland eine Zukunftsvorstellung. Lediglich

---

12 Im Jahr 2008 besuchen lediglich 19% der Schüler und Schülerinnen mit einem sonderpädagogischen Förderbedarf „sonstige allgemeinbildende Schulen" (vgl. Bildungsbericht 2010, S.70).

vereinzelt, beispielsweise in Hamburg, können erste Versuche und Ansätze in Richtung inklusiver Bildung verzeichnet werden (vgl. ebd., S.357).

In der vorliegenden Arbeit soll der Begriff der Inklusion nach Sander bewusst benutzt werden. Aufgrund des vorherrschenden Integrationsbegriffs in der Literatur wird zum Teil versucht, integrative Konzepte zu modifizieren, damit eine Übertragung auf inklusive Konzepte möglich ist. Zeitgleich wird der Integrationsbegriff weiterhin dort genutzt, wo er mit Inklusion nicht vereinbar ist.

Im folgenden Abschnitt werden Grundbegriffe inklusiver Konzepte erläutert. Hierdurch soll der theoretische Anspruch der Inklusion verdeutlicht werden.

1.2 Der Anspruch inklusiver Bildung

Inklusion ist ein weitreichendes Konzept, welches sich nicht auf den Bereich Schulbildung beschränkt. Vielmehr geht es um die Entwicklung einer diskriminierungsfreien, nichthierarchischen und demokratischen Gesellschaft (vgl. Glück/Mußmann 2009, S. 212). „Inklusion setzt ein verändertes Verständnis von Normalität und Vielfalt in einer Gesellschaft voraus [...]" (Albers 2010, S.52). Dieses Verständnis ist Gegenstand des „Diversity"-Ansatzes, der im Folgenden vorgestellt wird. Eine Konsequenz, die sich hieraus ergibt ist die Vermeidung von Etikettierungen durch systemisches Vorgehen.

„Diversity"-Ansatz

Die zentrale Grundlage der Inklusion ist der „Diversity"-Ansatz. Dieser geht von der Vielfalt der Menschen, von einer heterogenen Gesellschaftsstruktur aus. Heterogenität zeigt sich beispielsweise in den Bereichen Geschlecht, Alter, Sprache, Kultur, Ethnie, Nationalität, soziale Herkunft, kognitive Leistungsfähigkeit und körperliche Verfassung (vgl. Albers 2010, S.53, Glück/Mußmann 2009, S.212). Der Ansatz fordert auf, Diversität als Realität anzuerkennen und wertzuschätzen, denn „die Unterschiedlichkeit aller Menschen ist kein zu lösendes Problem, sondern eine Normalität – an diese Normalität wird das System angepasst und nicht umgekehrt" (Albers 2010, S.53). Eine Übertragung dieses Leitsatzes auf das System Schule bedeutet, dass es die Schule ist, die sich an die Bedürfnisse und Fähigkeiten der Kinder anpassen muss und nicht die Kinder, die sich an die Schule anpassen müssen.

Um Teilhabe am gesellschaftlichen Leben und gemeinsamen Lernen zu ermöglichen, ist ein umfassender Reformprozess notwendig. Das deutsche, mehrgliedrige Schulsystem ist für die Entwicklung einer inklusiven Schule kontraproduktiv (vgl. Albers 2010, S.53). Auch gegenwärtige Leistungsvergleiche wie PISA und TIMMS, die Schulqualität anhand von Schülerleistungen messen, stehen den Vorstellungen der Inklusion diametral entgegen.

„Für die Schulen in Deutschland ist eine Qualitätsoffensive ausgerufen worden, die messbare Fachleistungen bevorzugt und menschliche Grundqualifikationen zu vernachlässigen droht." (Sander 2001, S.10). Durch die sehr eingeschränkte Auffassung von Schülerleistungen werden Bereiche wie soziale Kompetenzen, kooperative Fähigkeiten, interkulturelle Kompetenzen, aber auch individuelle Lern- und Leistungserfolge, die durch ein erfolgreiches gemeinsames Lernen gefördert werden, massiv vernachlässigt und damit auch aus dem Qualitätsprofil von Schulen ausgenommen (vgl. Sander 2001, S.10, Boban/Hinz 2003, S.20).

Die Annahme und Wertschätzung von Heterogenität bedingt auch ein methodisches Umdenken und ein verändertes Curriculum. Lehrkräfte müssen sich von der Illusion lösen, dass alle SchülerInnen das Gleiche in gleicher Zeit lernen und leisten können. Um binnendifferenziert und damit (zum Teil) auch lernzieldifferent arbeiten zu können, müssen Lehrpläne, Aufgabenformate und Unterrichtsformen verändert werden. Die überwiegende Orientierung an sozialen Bezugsnormen (z.B. Ziffernoten) widersprechen ebenfalls der Wertschätzung von Vielfalt. Das inklusive Konzept erfordert persönliche Rückmeldungen und individuelle Leistungsbewertungen (vgl. Sander 2004, S.243).

Um die Idee der Inklusion, dass jeder Mensch von Beginn an Teil der Gemeinschaft ist, umzusetzen, bedarf es einer starken Umorientierung der derzeitigen schulischen Integrationspraxis. Denn dort entscheidet in vielen Fällen Art und Grad der Behinderung darüber, ob ein Kind am gemeinsamen Unterricht teilnehmen kann oder nicht. „Es ist keine Qualifikation nötig für die Zugehörigkeit zum Gemeinsamen Unterricht, die über eine Diagnose von Mindestfähigkeiten erfolgen müsste [...]" (Hinz 2002, S.356). Jedes Kind hat im Sinne der Inklusion ein Anrecht auf gemeinsames Lernen, es muss nicht erst beweisen, dass es integrationsfähig ist (vgl. Hinz 2002, S.356).

Aus dem „Diversity"-Ansatz ergeben sich die Vorgaben, Etikettierung zu vermeiden und systemisch zu arbeiten.

Vermeidung von Etikettierungen

Bereits seit den 70er Jahren wurden innerhalb der Integrationsdebatte behinderungsspezifische Terminologien von vielen FachvertreterInnen in Frage gestellt. Die angestrebte Überwindung des Behinderungsbegriffs gelang bis heute nicht. Da alle Begriffsdefinitionen der Sonderpädagogik vor dem Hintergrund von Normvorstellungen entstehen, wird durch die Begriffe immer eine Abweichung von der (Durchschnitts-) Norm gekennzeichnet. Diese defizitorientierte Sichtweise wirkt sich stigmatisierend aus. Die Abhängigkeit der Disziplin Sonderpädagogik vom Behinderungsbegriff ist darüber hinaus problematisch (vgl. Eberwein 2001,S.16ff.).

Nach dem inklusiven Grundgedanken der *Diversität als Normalität* verbietet es sich, stigmatisierende Etikettierungen an einzelnen Personen oder Gruppen vorzunehmen. Das (Sonder-)Schulwesen in Deutschland verfährt jedoch zur Zeit nach genau diesem Prinzip: Sonder- und Förderschule, Lernbehinderung, Lese-Rechtschreibschwäche und sonderpädagogischer Förderbedarf, um hier nur einige Etikettierungen zu nennen. Es spielt laut Hinz auch keine Rolle, ob die verwendeten Begriffe vermeintlich positiv gewählt werden, wie beispielsweise Integrationskind oder IntegrationslehrerInnen - es bleibt immer ein gewisses „Anderssein" vorhanden und dieses wird implizit abgewertet (vgl. Hinz 2002, S.356f.). Administrativ muss ein sonderpädagogischer Förderbedarf festgestellt werden, um entsprechende Unterstützungsmaßnahmen zu erhalten. Da sich Etikettierungen immer stigmatisierend auswirken, auch wenn positiv gesehen dadurch einem Kind nach dem individuellen Bedarf Unterstützungsressourcen zugeordnet werden können, strebt die Vorstellung einer inklusive Schule ein System ohne Etikettierungen an. Ressourcen zur Unterstützung werden einer Klasse bzw. einer Schule pauschal zugeordnet. Das beinhaltet zugleich die Chance, dass jedes Kind die Möglichkeit hat Förderung zu erhalten, unabhängig davon, ob ein (vermeintlicher) Förderbedarf besteht oder nicht. Hierdurch könnten auch andere Gruppen, die Marginalisierungsgefahren ausgesetzt sind, beispielsweise mehrsprachige Kinder oder Kinder aus einem sprach- und schriftfernen Milieu, profitieren (vgl. Hinz 2002, S.356f., Hinz 2010, S.37).

Weitere Situationen der Etikettierung entstehen dann, wenn in der alltagstheoretischen „Zwei-Gruppen-Theorie" Menschen in zwei Gruppierungen differenziert werden: behinderte Kinder - nicht behinderte Kinder, Kinder mit Deutsch als Muttersprache - Kinder mit Deutsch als Zweitsprache, Kinder aus bildungsnahen - Kinder aus bildungsfernen Elternhäusern, Kinder mit – Kinder ohne sonderpädagogischen Förderbedarf. Bei diesen Einteilungen werden Hierarchien und gleichzeitig Abgrenzungen deutlich. Insbesondere in der Sonderpädagogik werden Gruppen auf gedanklicher Ebene in „der Norm entsprechend" und „von der Norm abweichend" geteilt (vgl. Hinz 2002, S. 357, Albers 2010, S.64). Das inklusive Konzept hingegen wehrt sich gegen dichotome Vorstellungen und geht von einer unteilbaren, heterogenen Lerngruppe aus. Innerhalb dieser Lerngruppe sind verschiedene Dimensionen von Heterogenität zu berücksichtigen wie beispielsweise Geschlecht, Sprache, Ethnie und sozialer Hintergrund (vgl. Hinz 2010, S.33). Kinder sollen stets in ihrer Ganzheitlichkeit gesehen werden und nicht auf einen Aspekt wie beispielsweise eine Lernbehinderung oder Deutsch als Zweitsprache reduziert werden (vgl. Boban/Hinz 2003, S.11).

Systemischer Ansatz

Das Konzept der Inklusion erfordert einen Wechsel der Blickrichtung. Von der einseitigen, (implizit) defizitorientierten Sicht auf das einzelne Kind hin zur ganzheitlichen Sicht auf das Kind und sein Umfeld. Von der Feststellungspraxis und personenbezogenen Zuteilung von Fördermaßnahmen für einzelne Kinder zur Nicht-Etikettierung und pauschalen Zuordnung von Unterstützungsressourcen für alle Kinder (vgl. Hinz 2002, S.357ff.).

Insbesondere der Begriff der Barrieren ist im Zusammenhang mit der Idee der Inklusion von zentraler Bedeutung. Der Fokus liegt nunmehr nicht auf der medizinisch diagnostizierten Störung des Kindes, sondern auf den Barrieren, die das Kind an einer vollen Teilhabe (be-)hindern. Barrieren können als ko-konstruierte Produkte eines gesellschaftlichen Interaktionskontextes angenommen werden, die beispielsweise in Beziehungen, Lerninhalten, Schul- und Unterrichtsstrukturen entstehen. Der „Index für Inklusion" schlägt vor, statt den sonderpädagogischen Förderbedarf, *Hindernisse für Lernen und Teilhabe* als Ausgangspunkt anzunehmen (vgl. Glück/Mußmann 2009 S. 214, Boban/Hinz 2003, S.11f.).

Im Zentrum inklusiver Bestrebungen steht somit der Abbau von Barrieren, um gemeinsames Lernen und Teilhabe zu ermöglichen. Der systemische Ansatz verfolgt, im Gegensatz zum medizinischen Modell, nicht vorrangig „[...] die Veränderung von Menschen durch Therapie, Förderung und Ähnliches sondern hält das ganze Spektrum des Umfeldes für mindest ebenso bedeutsam." (Hinz 2010, S.42). Dieser Grundsatz birgt insbesondere für die Sprachheilpädagogik Schwierigkeiten, da diese sich zu großen Teilen auf Rehabilitation durch Sprachtherapie konzentriert (Verweis auf Kapitel 6.1). Der systemische Ansatz bedingt auch eine Verschiebung der Zuständigkeiten. Im Rahmen einer inklusiven Schule sind alle PädagogInnen für alle Kinder verantwortlich. Die Forderungen, dass Inklusion im Zuständigkeitsbereich der allgemeinen Pädagogik liegt und dass die Sonderpädagogik ein verändertes Selbstverständnis entwickeln muss, schließen sich hieran an (vgl. Hinz 2010, S.39, Hinz 2002, S.359).

Der Anspruch Inklusion - Illusion oder Vision einer besseren Zukunft?

Die Grundlagen des inklusiven Konzeptes zeigen, dass der Anspruch, insbesondere hinsichtlich der Vision einer inklusiven Gesellschaft, die frei ist von Diskriminierung und Hierarchien, enorm hoch ist (vgl. Hinz 2010, S.34). Auf einer theoretischen, abstrakten Ebene denk- und vorstellbar, bei der Umsetzung in die Praxis jedoch mit komplexen, zum Teil unüberwindbaren Schwierigkeiten konfrontiert.

„Inklusion bedeutet Veränderung und einen nicht endenden Prozess von gesteigertem

Lernen und zunehmender Teilhabe aller SchülerInnen. Es ist ein Ideal, nach dem Schulen streben können, das aber nie vollständig erreicht wird." (Boban/Hinz 2003, S.10). Es ergibt sich die Frage, ob hier purer Idealismus keine Chance gegen eine leistungs- und profitorientierte Gesellschaft hat, oder ob eine kraftvolle Idee, ein „positives Zukunftszenario" geschaffen wird, das sich anzustreben lohnt (vgl. Sander 2001, S.10). Diese Frage wird im Anschluss des Diskurses, im Fazit erneut aufgegriffen.

1.3 UN-Konvention über die Rechte von Menschen mit Behinderungen

Die Menschenrechtskonvention über die Rechte von Menschen mit Behinderungen wurde von der Generalversammlung der Vereinten Nationen am 13.12.2006 zur Ratifikation freigegeben. Eine Zustimmung zum Ratifikationsgesetz wurde zwei Jahre später durch Bundestag und Bundesrat vorgenommen. Der völkerrechtliche Vertrag ist seit dem 26.03.2009 in Deutschland gültig (vgl. Bielefeldt 2009, S.4).

In Artikel 24 werden die Rechte von Menschen mit Behinderungen im Bereich Bildung konkretisiert. Das Recht auf Bildung wird hierin in vollem Ausmaß und mit allen daraus folgenden Konsequenzen für die Umgestaltung des Bildungssystems eingefordert.

> Die Vertragsstaaten anerkennen das Recht von Menschen mit Behinderungen auf Bildung. Um dieses Recht ohne Diskriminierung und auf der Grundlage der Chancengleichheit zu verwirklichen, gewährleisten die Vertragsstaaten ein integratives Bildungssystem[13] auf allen Ebenen und lebenslanges Lernen mit dem Ziel [...] Menschen mit Behinderungen zur wirklichen Teilhabe an einer freien Gesellschaft zu befähigen. (Übereinkommen über die Rechte behinderter Menschen 2009, S.18)

Weitere Ziele sind u.a. die Entfaltung der Persönlichkeit, des Selbstwertgefühls, individueller Begabungen und Potenziale zu ermöglichen. Die Vertragsstaaten müssen gewährleisten, dass Menschen mit Behinderungen nicht aus dem allgemeinen Bildungssystem ausgeschlossen werden. Es werden mehrere Bereiche benannt, in denen bestimmte Voraussetzung geschaffen werden müssen, damit die Rechte der Menschen mit Behinderungen verwirklicht werden können. Die Vertragsstaaten werden verpflichtet, die dafür notwendigen Maßnahmen und Vorkehrungen vorzunehmen (vgl. Übereinkommen über die Rechte behinderter Menschen 2009, S.18f.).

Die Kultusministerkonferenz reagierte Mitte 2010 in Form eines Diskussionspapiers auf die UN-Konvention. Für die Umsetzung der Rechte im schulischen Bereich sprechen sie die Zuständigkeit den Ländern und Kommunen zu. Gleichzeitig weisen sie darauf hin, dass weitreichende Veränderungen nicht in kurzer Zeit erzielt werden können, zumal die Verwirklichung der Rechte in Konkurrenz zu anderen staatlichen Aufgaben steht. „Die

---

13 Im englischen Original „inclusiv education system" (vgl. Kritik an Übersetzung in Kapitel 1.1) (vgl. Übereinkommen der Vereinten Nationen über die Rechte von Menschen mit Behinderung 2010, S.34).

Umsetzung des Übereinkommens ist damit als gesamtgesellschaftliches komplexes Vorhaben längerfristig und schrittweise angelegt." (KMK-Diskussionspapier 2010, S.2). Die KultusministerInnen erkennen die zentrale Rolle der Bildungspolitik bei der Umsetzung der Ziele der Konvention an. Sie weisen jedoch auch auf Grenzen schulischer Möglichkeiten hin. Als zentrale Aufgabe beschreiben sie die Gestaltung des Lernumfeldes der allgemeinen Schulen dahingehend, dass Kinder und Jugendliche mit Beeinträchtigungen Entfaltungsmöglichkeiten wahrnehmen können und ihnen eine vollständige Teilhabe ermöglicht wird. Hierbei sehen sie Veränderungs- und Entwicklungsbedarf u.a. in der Lehrerbildung, in der Schulorganisation und der Pädagogik. Neben dem allgemeinen Curriculum sollen auch individuelle Bildungs- und Entwicklungsbedürfnisse gefördert werden (vgl. KMK-Diskussionspapier 2010, S.2ff.). Für den Umgang mit diagnostischen Verfahren und Bewertung legen die KultusministerInnen fest: „Die Lernstands- und Leistungsmessungen sowie die Leistungsbewertung müssen auch in Bezug auf diese individuellen Ziele erfolgen" (KMK-Diskussionspapier 2010, S.4).

Für die Umsetzung der Rechte von Menschen mit Behinderungen ist die Zusammenarbeit von Sonderpädagogik und allgemeiner Pädagogik unbedingt geboten. In der Aus- und Fortbildung aller Lehrkräfte sollte der gemeinsame Unterricht zentraler Bestandteil sein, um Kompetenzen für den Umgang mit Vielfalt erwerben zu können. Nach dem Prinzip der Teilhabe, im Gegensatz zum Prinzip der Fürsorge, müssen Veränderungen von der vorschulischen Bildung bis hin zur Berufsausbildung stattfinden. Bei der Weiterentwicklung sonderpädagogischer Förderung und institutioneller Umgestaltung legen die KultusministerInnen keinen einseitigen Weg fest, sondern verweisen auf vielfältige Möglichkeiten. Beispielsweise können Förderschulen weiterhin als alternative oder ergänzende Lernorte genutzt werden, Kompetenz- und Förderzentren können zur stufenweisen Umgestaltung der allgemeinen Schule zur inklusiven Bildungseinrichtung verhelfen oder Förderschulen können sich für alle SchülerInnen eines Bezirks öffnen. Wichtig bei allen Formen ist, die Professionalität der SonderpädagogInnen sicher zu stellen und weiter zu entwickeln. Das Aufgabenfeld von Förderschulen, Kompetenz- und Förderzentren entwickelt sich weiter und erweitert sich beispielsweise in den Bereichen Kompetenztransfer, Qualitätssicherung sonderpädagogischer Förderung und Kooperation (vgl. ebd., S.5f.).

Bei der Entscheidung des Förderortes muss weiterhin der Wunsch von SchülerInnen und Eltern berücksichtigt werden. Des Weiteren ist bei der Wahl des bestmöglichen Lernortes für Kinder mit sonderpädagogischem Förderbedarf die Maßgabe des jeweiligen Bundeslandes entscheidend. Das Kindeswohl hat bei allen schulischen Entscheidungen stets Priorität. Die Basis sonderpädagogischer Förderung, unabhängig an welchem

Förderort sie stattfindet, ist eine personen- und umfeldbezogene Diagnostik und der daraus entwickelte Förderplan (vgl. ebd., S.7). „Die für Bildung Verantwortlichen nehmen die Herausforderung der Behindertenrechtskonvention an." (KMK-Diskussionspapier 2010, S.7). Durch dieses Statement bekräftigen die KultusministerInnen, dass sie die komplexen und vielfältigen Aufgaben, die bei einer langfristigen Gestaltung inklusiver Bildungseinrichtungen entstehen, wahrnehmen wollen. Der umfassende Veränderungsprozess erfordert beispielsweise Öffentlichkeitsarbeit und zusätzliche personelle und materielle Ressourcen. Die KultusministerInnen fordern alle Beteiligte, beispielsweise private und kommunale Schulaufwandsträger sowie Organisationen von Menschen mit Behinderung, dazu auf, zusammen Rahmenbedingungen und Indikatoren für qualitativ hochwertigen gemeinsamen Unterricht unter Berücksichtigung aller Kinder zu erarbeiten (vgl. ebd., S.8ff.).[14]

2. Spezifische Situation der schulischen Sprachheilpädagogik

2.1 Historischer Rückblick mit dem Fokus auf integrative[15] Entwicklungen

Die ersten Sprachheilschulen entwickelten sich vor ungefähr 100 Jahren mit der Intention, vorwiegend stotternden Kindern therapeutische Unterstützungen anzubieten, die sie in der Volksschule nicht erhielten. Ab 1928 konnten VolksschullehrerInnen Sprachheilpädagogik erstmals in Form eines Aufbaustudiums studieren. Nach der nationalsozialistischen Zeit, die das gesamte Sonderschulwesen zurückwarf, wurden Sprachheilschulen in den 60er Jahren wieder aufgebaut und schrittweise Professuren in der Sprachheilpädagogik besetzt (vgl. Motsch 2009, S.17). Die Empfehlungen der Kultusministerkonferenz von 1972, in denen das Feststellungsverfahren zur „Sonderschulbedürftigkeit" eingeführt wurde, verstärkten die institutionelle Zuständigkeit der Sprachheilschulen für Kinder mit kommunikativen und sprachlichen Beeinträchtigungen. Hierdurch kam es zu einem erhöhten Ausbau des Sprachheilschulsystems. Bestrebungen einer gegenläufigen Bewegung, gemeinsamen Unterricht zu verwirklichen, waren aus der Sprachheilpädagogik kaum zu erkennen (vgl. Bielfeld 2006, S.13). Die Integrationsbewegung in Deutschland Mitte der 70er Jahre fand größtenteils ohne Mitwirkung der Sprachheilpädagogik statt. „Vertreter der Sprachbehindertenpädagogik verhielten sich gegenüber den Bemühungen um schulische

---

14 Aufgrund von Platzmangel kann das Diskussionspapier an dieser Stelle nicht kritisch betrachtet werden.
15 In Ermangelung inklusiver Modelle innerhalb der Sprachheilpädagogik wird an dieser Stelle die integrative Entwicklung aufgezeigt sowie derzeitige integrative Schulformen vorgestellt.

Integration zunächst längere Zeit sehr zurückhaltend." (Sasse 2003, S.107). Anstatt Konzepte und Methoden zum gemeinsamen Unterricht zu entwickeln, legitimierte und verteidigte die Sprachheilpädagogik immer wieder die Sprachheilschule und ihren Erhalt (vgl. Sasse 2003, S.107). Gleichzeitig versuchte sie sich von anderen Disziplinen abzugrenzen, was ihr jedoch ohne eigenständige Didaktik bis heute schwerfällt. Bereits Mitte der 80er Jahre stellte Grohnfeldt die Frage nach zukünftigen Schwerpunkten der Sprachheilpädagogik. Diese könnten u.a. in der Weiterentwicklung der Sprachheilschule, in präventiver Förderung oder im integrativen Unterricht liegen (vgl. Motsch 2009, S.18f.). Mit der KMK-Empfehlung von 1994 trat eine nachhaltige Veränderung in der Sonderpädagogik ein. Mit dem Paradigmenwechsel von der institutionellen hin zur personenorientierten Perspektive (Feststellung des sonderpädagogischen Förderbedarfs) ging ein Rückgang der Sprachheilschulen einher. Unterricht und Förderung im Förderschwerpunkt Sprache waren nun offiziell unabhängig vom Förderort, das heißt, die Institution Sprachheilschule stellte nicht mehr die einzige Möglichkeit zur kommunikativen und sprachlichen Förderung dar (vgl. Grohnfeldt 2004, S.17, Bielfeld 2006, S.13). Erst jetzt veränderte sich die Frage der Sprachheilpädagogik von einem kategorialen *ob* in ein methodisches *wie* Integration sprachbeeinträchtigter Kinder gelingen kann. Das an den Sprachheilschulen vorherrschende defizitorientierte Vorgehen - mit seinem Ursprung in der Medizin - und das damit einhergehende Therapieren der Symptome als zentrale sprachheilpädagogische Aufgabe, stand nun in der Kritik. Viele SprachheilpädagogInnen befürchteten, dass es im Zuge der Integration zu Enttherapeutisierung und Entprofessionalisierung der sprachheilpädagogischen Förderung kommen würde. Aufgrund dessen werden häufig nur diejenigen SchülerInnen für die Integration vorgeschlagen, die leichte sprachliche Auffälligkeiten zeigen, SchülerInnen mit komplexen sprachlich-kommunikativen Beeinträchtigungen hingegen werden weiterhin an die Sprachheilschule verwiesen (vgl. Sasse 2003,S.107).

Der Strukturwandel der Sprachheilpädagogik zeigt sich in einer veränderten (Wahrnehmung der) Schülerschaft. Beim Ausbau der Sprachheilschulen vor 40 Jahren gingen die SprachheilpädagogInnen von einer homogenen Schülerschaft aus. Hierbei sollte es sich um Kinder handeln, die neben ihrer Sprachbeeinträchtigung eine normale Intelligenz aufweisen. Erst in den 80er und 90er Jahren fanden auch mehrfache und kognitive Beeinträchtigungen im Zusammenhang mit Sprachbeeinträchtigung in der Fachliteratur Beachtung (vgl. Sasse 2003, S.107f, Grohnfeldt 2008, S.216f.). Ein Wandel der Schülerschaft von einer (scheinbar) homogenen Gruppe stotternder SchülerInnen zu einer heterogenen Gruppe von SchülerInnen mit vielfältigen Störungsbildern, darunter häufig Spracherwerbsstörungen, vollzog sich in den vergangenen Jahrzehnten (vgl.

Seiffert 2008, S.148f.). Heute finden sich oftmals Überschneidungen der Förderschwerpunkte Sprache mit den Förderschwerpunkten Lernen und/oder emotionale und soziale Entwicklung. Seit zehn Jahren ist auch ein Interesse der Sprachheilpädagogik an mehrsprachigen Kindern festzustellen (vgl. Sasse 2003, S.108, Grohnfeldt 2008, S.216f.). Darüber hinaus kann in den letzten zehn Jahren ein Bedeutungsgewinn der außerschulischen Sprachheilpädagogik beobachtet werden (vgl. Grohnfeldt 2004 S.18).

Aktuelle Formen sprachheilpädagogischer Integration

Da die Sprachheilschule von vielen ExpertInnen als Durchgangsschule klassifiziert wird, hat sie auch heute im Sinne der „Integration durch Rehabilitation" weiterhin viele BefürworterInnen (Verweis auf Kapitel 3.1). Sprachheilpädagogische Einrichtungen sind in vielfältigen Formen und Modellen in den Bundesländern vertreten. Unterschiede finden sich auch in integrativen Organisationsformen wieder. Beispielsweise schaffte Bremen als einziges Bundesland 1998 alle Sprachheilschulen ohne vergleichbaren Ersatz ab. In Bayern wurden Sprachheilschulen abgebaut und der Mobile Sonderpädagogische Dienst (MSD) zur Unterstützung in Regelschulen eingesetzt, in Hessen hingegen kam es zu Neugründungen von Sprachheilschulen (vgl. Grohnfeldt 2004, S.18). Im Folgenden werden vier integrative Formen exemplarisch vorgestellt, wie sie im Bereich der schulischen Sprachheilpädagogik praktiziert werden (im Anhang befindet sich eine Übersicht zu den Schulformen der einzelnen Bundesländer).

Unter Einzelintegration ist die Förderung eines sprachauffälligen Kindes zu verstehen, das lernzielgleich in der Regelschule mit Unterstutzung des Mobilen Sonderpädagogischen Dienstes (MSD) oder vergleichbaren Unterstützungssystemen unterrichtet wird. Hierbei kann die Förderung sowohl im Unterricht als auch additiv stattfinden. Die Aufgaben des MSD bestehen in der Diagnostik des sonderpädagogischen Förderbedarfs, Beratung von Eltern und LehrerInnen und Unterstützung der Schule durch angemessene Förderkonzepte (vgl. Schneider 2004 S.337).

Das Modell der Kombinationsklassen intendiert eine wohnortnahe Beschulung sprachauffälliger Kinder. Je 5-6 SchülerInnen mit sprachheilpädagogischen Förderbedarf werden in eine Klasse von 15-16 SchülerInnen ohne Förderbedarf integriert. Die Zuweisung von Ressourcen für die Förderung ist personenbezogen und liegt zwischen 1,6-2,58 Schulstunden pro Kind. Die SprachheilpädagogInnen werden in den Schulalltag mit einbezogen, ihre Stammschule bleibt meist die Sprachheilschule. Unterricht findet vorwiegend in Kooperation von Grundschul- und Sprachheilschullehrkraft statt (vgl. Schneider 2004b, S. 338, Zielke Bruhn 2002 S.56).

Kooperationsklassen sind eine Form von Integration, die in Bayern praktiziert wird. Sie ist mit dem Kombinationsklassen-Modell vergleichbar. Vorwiegend sind Kooperationsklassen für SchülerInnen mit sprachlichen Beeinträchtigungen geeignet, die nach dem Besuch einer Sprachheilschule in die Regelschule reintegriert werden sollen. Unterrichtet wird lernzielgleich in Form von Kooperation der Volks- und SonderschullehrerInnen. Zusätzlich können auch Kleingruppen-Settings genutzt werden (vgl. Schneider 2004b S.338).

Das Konzept der Integrativen Regelklassen stammt ursprünglich aus Hamburg. Es wird in Grundschulen von der ersten bis zur vierten Klasse für Kinder ohne und mit bestehenden Förderbedarf in Sprache, sozial-emotionale Entwicklung und Lernen angeboten. Die Klassenstärke ist auf 26 Kinder begrenzt. Die Zuordnung von sonderpädagogischen Ressourcen ist hier nicht personenbezogen, sondern erfolgt pauschal. Diese Verfahrensweise verhindert eine Etikettierung der SchülerInnen. Der Personalschlüssel liegt bei drei SonderpädagogInnen für acht Klassen zuzüglich der Vorschule (vgl. ebd., S.339).

Die derzeitigen Formen können den Anspruch einer inklusiven Beschulung nicht bzw. nur zu kleinen Teilen erfüllen. Lediglich die integrativen Regelschulklassen entsprechen beispielsweise dem Grundsatz einer Nicht-Etikettierung. Der oftmals lernzielgleiche Unterricht[16] und die Vorstellung, Kinder mit sprachlichen Beeinträchtigungen müssen bestimmte Voraussetzungen für den gemeinsamen Unterricht mitbringen, widersprechen dem Konzept der Inklusion.

Im Folgenden wird der sprachheilpädagogische Unterricht als ein zentraler Aspekt sprachheilpädagogischer Professionalität herausgearbeitet. Das Kapitel soll als Grundlage für Überlegungen bezüglich eines inklusiven Unterrichts dienen.

2.2 Sprachheilpädagogisches Handeln im Unterricht
2.2.1 Konzepte[17] sprachheilpädagogischen Unterrichts
Ein zentrales Thema sprachheilpädagogischen Unterrichts ist seit Jahrzehnten die Dualismusproblematik: In welchem Verhältnis stehen Therapie und Unterricht zueinander und wie können diese beiden zentralen Elemente, die gleichermaßen ihre Berechtigung haben, miteinander verbunden werden? (vgl. Grohnfeldt 2004, S.17).

Theoretische Konzepte und Modelle, die aus therapeutischen Kontexten stammen, lassen sich meist nur unzureichend auf den Unterricht übertragen. Hierbei müssen „Sprachheilpädagogen in der schulischen Praxis, [...] klinisch-therapeutisches Wissen

---

16 Auch der Unterricht in der Sprachheilschule ist insofern lernzielgleich, dass nach dem Rahmenlehrplan unterrichtet wird. Jedoch bestehen in der Sprachheilschule aufgrund geringerer Klassenfrequenz und anderer Rahmenbedingungen mehr Möglichkeiten zur Individualisierung (Binnendifferenzierung).
17 Aufgrund von Platzmangel wird auf einen systematischen Vergleich bzw. Bewertung der Konzepte verzichtet.

eigenverantwortlich an die Gegebenheiten im Schulalltag anpassen" (Mayer 2009, S.108). Bisher kann nur das Konzept der Kontextoptimierung für Kinder mit grammatischen Beeinträchtigungen von Motsch hervorgehoben werden, das eine Verbindung von Therapie und Unterricht schafft und auch für eine größere Lerngruppe effektiv genutzt werden kann (vgl. Reber/Schönauer-Schneider 2009, S. 11). Es ergibt sich demnach auch die Frage nach dem Verhältnis von Therapie- und Unterrichtsgegenständen. Soll der Unterricht sich vorrangig am Lernziel oder am Therapieziel orientieren?

Beim sprachtherapeutischen Unterricht nach Braun ist das individuelle Therapieziel dem Lern- bzw. Bildungsziel des Unterrichts funktional untergeordnet. Das Arbeiten am sprachliche Therapieziel wird somit durch den Unterrichtskontext determiniert. Zum sprachtherapeutischen Unterricht zählt Braun „[...] jede organisierte Lehr- und Lernsituation, in der Bildungsinhalte – der allgemeinen Schule – vermittelt werden und zugleich auf die vorhandenen sprachlichen Beeinträchtigungen der Schüler eingegangen wird." (Braun 2004, S.42f.). Der sachliche Gegenstand, der vermittelt werden soll, muss hierbei so aufgearbeitet werden, dass SchülerInnen mit sprachlichen Beeinträchtigungen die erforderlichen sprachlichen Kompetenzen für die Bearbeitung mitbringen. Darüber hinaus muss es den SchülerInnen ermöglicht werden, am Unterrichtsgegenstand ihre sprachlichen Kompetenzen zu erweitern. Braun verortet den sprachtherapeutischen Unterricht in der allgemeinen Didaktik (vgl. Braun 2004, S.42ff.).

Der sprachassistierende Unterricht nach Seiffert intendiert dort anzusetzen, „[...] wo die sprachliche Selbstständigkeit des Schülers nicht gegeben ist." (Seiffert 2008, S.150). Ähnlich wie beim sprachtherapeutischen Unterricht liegt eine Orientierung am Unterrichtsgegenstand vor, therapeutische Ziele stehen in einer funktionalen Abhängigkeit zum Lernziel. Im Unterricht werden fehlende sprachliche Fähigkeiten kompensiert indem die Lehrkraft assistierend sprachliche oder sprachtherapeutische Unterstützung anbietet (vgl. Seiffert 2008, S.150f.).

Bei weiteren Konzepten liegt u.a. eine Orientierung am Therapieziel (Spezifische Sprachtherapie im Unterricht) oder an der Beziehungsgestaltung und Subjektzentrierung (Förderung des Sprachverhaltens und der Sprachemotion im Unterricht) vor (vgl. ebd., S.149ff.). Seit einigen Jahren ist laut Seiffert eine Entwicklung zum Begriff der Förderung zu beobachten, der sich innerhalb kontroverser Diskussionen schwer vom Therapiebegriff abgrenzen bzw. in Beziehung setzen lässt. Eine Unterscheidung kann in den ursprünglichen Zusammenhängen gesehen werden. Therapie ist stärker medizinisch geprägt, während Förderung eher pädagogisch zu verorten ist (vgl. ebd. S.147ff.).

Ein neuerer Ansatz, sprachheilpädagogischen Unterricht zu definieren, findet sich bei Reber/Schönauer-Schneider (2009). Der Begriff impliziert laut den Autorinnen sowohl pädagogische als auch heilpädagogische Anteile und schließt somit Förderung und Therapie mit ein (vgl. Reber/Schönauer-Schneider 2009, S.11). Sprachheilpädagogischer Unterricht wird von Reber und Schönauer-Schneider als Oberbegriff verstanden. Hierunter fallen einerseits Maßnahmen zur Sprachförderung, andererseits sprachtherapeutische Maßnahmen, die zur Unterstützung der Sprache des Kindes im schulischen Umfeld angeboten werden. Eine unverzichtbare, zu ergänzende Komponente des sprachheilpädagogischen Unterrichts ist die Individualtherapie (vgl. ebd. S.13).

Unter Sprachförderung verstehen die Autorinnen allgemeine, unspezifische Maßnahmen, die vorwiegend zur Prävention von Sprachstörungen eingesetzt werden. Diese können sowohl von SprachheilpädagogInnen als auch von ErzieherInnen und RegelschulpädagogInnen, die sich in diesem Bereich fortgebildet haben, für alle Kinder durchgeführt werden. Hierdurch können auch Kinder, die zur Risikogruppe im Bereich Sprache zählen, beispielsweise mehrsprachige Kinder oder Kinder aus einem sprach- und schriftfernen Milieu, von diesen Sprachfördermaßnahmen profitieren (vgl. ebd., S.13ff.). Maßnahmen der Sprachförderung reichen jedoch nicht aus, wenn Kinder bereits Beeinträchtigungen auf einer oder mehreren Sprachebenen ausgebildet haben. Hier greift der sprachtherapeutische Unterricht. Unter sprachtherapeutischem Unterricht verstehen Reber/Schönauer-Schneider (in Anlehnung an Dannenbauer) spezifisch geplante und wissenschaftlich begründete Interventionsmaßnahmen, die auf der Grundlage einer individuellen Förderdiagnostik von SprachheilpädagogInnen oder SprachtherapeutInnen durchgeführt werden (vgl. ebd. S.14). Das Konzept des sprachheilpädagogischen Unterrichts wird in der folgenden Abbildung noch einmal verdeutlicht.

Sprachheilpädagogischer Unterricht

	Sprachförderung	Sprachtherapeutischer Unterricht
Ziel	Prävention	Intervention
Maßnahmen	unspezifisch, allgemein	spezifisch sprachtherapeutisch auf der Grundlage einer individuellen Förderdiagnostik
Durch-geführt von	bspw. ErzieherInnen oder RegelschulpädagogInnen, die Fortbildungen im Bereich Sprache absolviert haben	SprachheilpädagogInnen, SprachtherapeutInnen (vertiefende Qualifikation im Bereich Sprache)
Zielgruppe	Kinder mit Risikofaktoren im Bereich Sprache (z.B. mehrsprachige Kinder oder Kinder aus sprach- und schriftfernem Milieu)	Kinder mit Beeinträchtigungen im Bereich Sprache und Kommunikation

Abb.1: Sprachheilpädagogischer Unterricht in starker Anlehnung an Reber/Schönauer-Schneider 2009, S.15.

Im Folgenden werden Prinzipien des sprachheilpädagogischen Unterrichts nach Mayer (2009) als weitere Grundlage für die Diskussion um inklusive Bildung vorgestellt.

2.2.2 Prinzipien sprachheilpädagogischen Unterrichts

Die Sprachheilpädagogik hat bis heute keine eigenständige, spezifisch sprachheilpädagogische Didaktik. Didaktische Konzepte finden sich in Form von Übertragungen aus anderen Bereichen wieder. Als Beispiele können die kooperative Didaktik von Welling und die relationale Didaktik von Lüdtke genannt werden, deren Ursprünge in der allgemeinen Didaktik liegen (vgl. Glück 2008, S.34f.).

In der Planung und Gestaltung sprachheilpädagogischen Unterrichts spielen sowohl allgemeine didaktische Prinzipien als auch spezifisch sprachheilpädagogische Prinzipien eine maßgebliche Rolle. Fachspezifische Prinzipien sind insbesondere vor dem Hintergrund eines gemeinsamen Unterrichts im Sinne der Wahrung von Spezifität der Sprachheilpädagogik unverzichtbar (vgl. Mayer 2009, S.110).

Förderdiagnostische Fundierung

Den Ausgangspunkt des sprachheilpädagogischen Unterrichts nach Mayer bildet eine individuelle, sprachliche sowie andere Bereiche (beispielsweise Motorik und Lernen) berücksichtigende, umfassende Diagnostik. Hierbei müssen auch das soziale und emotionale Verhalten sowie das Interaktions- und Kommunikationsverhalten des Kindes beispielsweise in Form einer Kind-Umfeld-Analyse berücksichtigt werden. Nur auf der Grundlage der Diagnostik können Gegenstände des Unterrichts, Methoden, Sozialformen und Medien auf die Bedürfnisse der einzelnen SchülerInnen angemessen angepasst werden. „Bei sprachlichen Beeinträchtigungen handelt es sich um komplexe und dynamische Ereignisse, bei denen mit Veränderungen auf der Symptomebene, des Bedingungsgefüges, des subjektiven Erlebens sowie mit Komplikationen zu rechnen ist." (Mayer 2009, S.110). Das bedeutet, die Diagnostik muss prozess- und förderorientiert angelegt sein. Ein interdisziplinäres, vernetzendes Arbeiten mehrerer Fachkräfte, wäre von Vorteil, da SprachheilpädagogInnen allein nicht alle diagnostischen Bereiche abdecken können. Bei der Deutung der diagnostischen Befunde sollte ein „Bild der Gesamtpersönlichkeit" entstehen. SprachheilpädagogInnen könnten daraus ableiten welche Bereiche für die Entwicklung des jeweiligen Kindes primär wichtig sind. Beispielsweise könnten sozial-emotionale Bedürfnisse Vorrang vor sprachtherapeutischen Lernzielen haben. Die individualisierte Gestaltung des Unterrichts, die mit der Orientierung am individuellen Förderbedarf einhergeht, setzt bei den einzelnen Kindern an der Stufe ihrer nächsten Entwicklung an. Der Anspruch des individualisierten Lernens ist in der

Praxis schwer zu verwirklichen aber laut Mayer dennoch erstrebenswert (vgl. ebd., S.110f.).

Spezifisch akzentuierte Lehrersprache

Ein zentrales und häufig erwähntes Merkmal sprachheilpädagogischen Unterrichts ist die spezifisch akzentuierte Lehrersprache. Die Lehrkraft fungiert als sprachliches Vorbild und setzt ihre Sprache als „therapeutisches Mittel" ein. Die spezifisch akzentuierte Sprache der LehrerInnen kann sowohl auf rezeptiver als auch auf produktiver Ebene sprachliche Strukturen unterstützen, implizit korrigieren und erweitern. Wesentliche Merkmale dieser professionellen Sprache sind u.a. eine melodische Gliederung mit angemessenen Sprechpausen, bewusster Einsatz der Stimme und Sprachbegleitung durch angemessene Mimik und Gestik. Darüber hinaus können die LehrerInnen Modellierungstechniken (nach Dannenbauer) reflektiert einsetzen um die jeweilige Zielstruktur, die das Kind benötigt, einzubetten. Hierbei werden zwei Arten von Modellierungstechniken unterschieden. Diejenigen, die den kindlichen Äußerungen vorausgehen und jene, die den kindlichen Äußerungen nachfolgen. Vorausgehende Modellierungstechniken kann die Lehrkraft bewusst in die Planung des Unterrichts integrieren, beispielsweise die Präsentation. Nachfolgende Modellierungstechniken sind situativ und müssen angemessen zur jeweiligen Äußerung des Kindes eingesetzt werden. Beispiele hierfür wären das korrektive Feedback und die Expansion (vgl. ebd., S.111f.).

Multiperformanzprinzip

Das Multiperformanzprinzip entstand bei der Entwicklung von Diagnostik für Spracherwerbsstörungen (Dannenbauer). Es geht davon aus, dass eine sprachliche Beeinträchtigung nur dann umfassend analysiert werden kann, wenn mehrere Modalitäten berücksichtigt werden. Diese vier Modalitäten sind Produktion, Rekonstruktion, Rezeption und metasprachliche Reflexion. Auch im Unterricht hat das Multiperformanzprinzip an Bedeutung gewonnen. Beispielsweise hebt Motsch bei der Kontextoptimierung den Wechsel der Modalitäten hervor. Abwechselnd soll sowohl spontansprachliche Produktion als auch rezeptive Verarbeitung ermöglicht werden (vgl. ebd., S.112).

Handlungsorientierung

Ein auf Handlungen ausgerichteter, ganzheitlich orientierter Unterricht bietet für Kinder mit sprachlichen oder kommunikativen Beeinträchtigungen Unterstützung und Entlastung. Die Verknüpfung einer verbalen Äußerung mit einer Handlung, sowohl in einer passiven (die Lehrkraft erklärt einen Sachverhalt handlungsbegleitend) als auch in einer aktiven

Situation (SchülerInnen begleiten eine Handlung sprachlich), kann den sprachlichen und sachlichen Verstehensprozess wesentlich erhöhen. Insgesamt sei im Unterricht darauf zu achten, „[...] dass Handlungen stets sprachlich begleitet werden und Sprache durch Handlungen illustriert wird, um den Kindern die Verarbeitung sprachlicher Strukturen und die sprachlich-kognitive Durchdringung eines Sachverhalts zu erleichtern." (Mayer 2009, S.112). Beim handlungsorientierten Unterricht ist es auch möglich, sprachliche Strukturen durch lautes Verbalisieren von Handlungen über das Flüstern in ein inneres Sprechen bzw. Denken zu übertragen (vgl. ebd., S.112).

Berücksichtigung aller Sprachebenen
Zurzeit gibt es neben der Kontextoptimierung für grammatische Störungen von Motsch kein vergleichbares Konzept für den sprachtherapierenden Unterricht. Es wäre daher essentiell, weitere Konzepte zu entwickeln, die Therapie und Unterricht verbinden und für eine größere Lerngruppe geeignet sind. Mayer insistiert, dass für spracherwerbsgestörte Kinder, spezifische Konzeptionen für die Ebenen Phonetik, Phonologie, Semantik, Lexikon, Pragmatik und Schriftsprache für den Unterricht dringend nötig seien (vgl. ebd.).

Ergänzung des Unterrichts durch Individualtherapie
„Sprachheilpädagogischer Unterricht und Individualtherapie sind zwei Säulen sprachheilpädagogischen Handelns, die nicht in einer „Entweder-oder-Beziehung" stehen." (Mayer 2009, S.112f.). In der Individualtherapie können persönliche Interessen und Bedürfnisse eines Kindes aufgegriffen und berücksichtigt werden. An individuell festgelegte Therapieziele kann in einer eins-zu-eins Situation intensiver gearbeitet werden als im Unterricht. SchülerInnen erfahren in der Einzelsituation eine erhöhte Aufmerksamkeit, die sie im Unterricht nicht wahrnehmen. Beide Modalitäten, Unterricht und Individualtherapie, sollten sich bestenfalls ergänzen (vgl. ebd., S.112f.).

Unabhängigkeit vom Förderort
Das Merkmal Unabhängigkeit des Förderortes besagt, dass SchülerInnen mit dem Förderschwerpunkt Sprache nicht an die Institution Sprachheilschule gebunden sind, sondern ihren Förderort, zumindest in der Theorie,[18] frei wählen können. Mayer warnt jedoch davor, dass sprachheilpädagogischer Unterricht stets auch Rahmenbedingungen erfordert, in denen spezifisch sprachliches Lernen ermöglicht wird. Sind diese bestimmten Rahmenbedingungen nicht gegeben kann spezifische sprachheilpädagogische Förderung nicht gewährleistet werden (vgl. ebd., S.113)

---

18 Nicht alle allgemeinen Schulen nehmen Kinder mit einem sonderpädagogischen Förderbedarf auf.

Teil II: Diskurs

3. Stellungnahmen zur Inklusion aus der Sprachheilpädagogik

Im Folgenden werden drei Positionen zum Thema Inklusion[19] aus der fachlichen Perspektive der Sprachheilpädagogik exemplarisch vorgestellt, kritisch betrachtet und im Anschluss resümiert.

3.1 „Integration durch Rehabilitation"

Bereits 1986 vertritt Homburg die Position, dass Sprachheilschulen im Sinne der bestmöglichen Förderung sprachbeeinträchtigter Kinder erhalten bleiben müssen.[20] Er legitimiert ihren Erhalt mit dem Argument, dass sie als Durchgangsschule das Ziel Integration erreicht, da die meisten Kinder nach einiger Zeit in der Sprachheilschule eine Regelschule besuchen können (vgl. Homburg 1986, S. 210). Die Vorwürfe, die dem Sonderschulwesen seitens der IntegrationsbefürworterInnen gemacht werden, treffen laut Homburg nicht auf die Sprachheilschule zu. Sie unterrichtet nach dem Rahmenlehrplan, ist Durchgangsstation und hat im Vergleich zu anderen Sondereinrichtungen eine gute Reputation. Aufgrund dieser speziellen Stellung spricht er von einem „ambivalenten Verhältnis" der Sprachheilpädagogik zur Forderung nach Integration (vgl. Homburg 1986, S. 210ff., Schneider 2004a, S.33). Laut Homburg hat Rehabilitation Vorrang vor Integration. Dahinter steht die Vorstellung, dass sprachliche und kommunikative Beeinträchtigungen durch angemessene Sprachtherapie geheilt werden können. „In sprachheilpädagogischen Arbeitsfeldern rechtfertigt die Ziel-Mittel-Relation eine zeitweilige Separierung." (Homburg 1986, S.210). Anspruch auf Integration haben all diejenigen Menschen mit Behinderungen, „deren Gegenstand nicht veränderbar ist", die demzufolge nicht rehabilitiert werden können und „sich auf ein Leben mit Behinderung einstellen" müssen (vgl. Homburg 1986, S. 208). Hierzu zählt er auch alle Sprachbeeinträchtigungen, die nicht aufgehoben werden können (vgl. ebd., S.209).
Der Erhalt der Sprachheilschule kann vor allem durch die Vorteile gegenüber aktuellen integrativen Formen gerechtfertigt werden. Diese liegen in der niedrigeren Klassenstärke, einer geringeren Gefahr Diskriminierungen ausgesetzt zu werden sowie der spezifisch fachlichen Professionalität der Lehrkräfte. Kinder mit sprachlichen Beeinträchtigungen erhalten in der Sprachheilschule eine dauerhafte und intensive Unterstützung im

---

19 Die angegebenen Quellen beziehen sich teilweise auf Stellungnahmen zur Integration. Sie werden als solche gekennzeichnet und sollen so weit wie möglich auf die Diskussion um Inklusion übertragen werden.
20 Die Stellungnahme von Homburg ist bis heute für den Diskurs relevant (vgl. Schneider 2004b, S.343).

Unterricht und im Schulalltag (vgl. Schneider 2004b, S.343).

Motsch kritisiert den seines Erachtens nach unreflektierten Abbau von Sprachheilschulen. Dieser sei nie fachlich sondern stets (finanz-)politisch motiviert gewesen. Seit Mitte der 90er Jahre werden unter dem Deckmantel der Integration Sprachheilschulen aus Gründen der Kostenreduzierung aufgelöst und umstrukturiert. Einer fachlich angemessenen Umsetzung integrativer Schulformen sieht Motsch eher pessimistisch entgegen (vgl. Motsch 2009, S.22ff.).

Auch Homburg zweifelt daran, dass die allgemeine Schule es je schafft, Kindern mit sprachlichen Beeinträchtigungen eine vergleichbare, angemessene spezifische Förderung zu ermöglichen, wie die Sprachheilschule sie bietet. Bis zur Umsetzung einer neuen allgemeinen Schule bildet die Sprachheilschule eine unverzichtbare Institution (vgl. Homburg 1986, S.213).

Die Stellungnahme, die stark am medizinischen Modell des Therapierens und Heilens orientiert ist, und damit eine einseitig defizitorientierte Sicht auf das Kind erkennen lässt, entspricht nicht dem Anliegen der Inklusion, primär das Umfeld der Kinder durch Abbau von Barrieren zu verändern. Die Beschränkung auf eine Gruppe von SchülerInnen mit nicht rehabilitierbaren Behinderungen, die integriert werden soll, widerspricht den Grundsätzen der Inklusion (vgl. Hinz 2010, S.42f.). Albers bemängelt die Position, Integration als Ziel, im Sinne der Wiedereingliederung in ein bestehendes System, und nicht als Weg zu verstehen. Hierbei tragen „[...] individuumszentrierte Begriffe von Behinderung und Störung, die eine Wiederherstellung von Normalität in Sondereinrichtungen implizieren [...] vielmehr zu einer Zementierung bestehender Strukturen als zu einer Reformierung des Bildungssystems bei." (Albers 2010, S.57).

3.2 Konzeption der Nichtaussonderung

Die Konzeption der Nichtaussonderung basiert auf dem Normalisierungsprinzip. Dieses besagt, dass Menschen mit Beeinträchtigungen das Recht haben, ihr Leben so normal[21] wie möglich zu gestalten. Folglich ist es normal, eine wohnortnahe Schule zu besuchen anstatt einer besonderen Schule zugewiesen zu werden (vgl. Schneider 2004a, S.35, Frühauf 2010, S.16). Die Trennung von allgemeinbildenden Schulen und Sonderschulen verhindert das gemeinsame Lernen von Kindern mit und ohne Beeinträchtigungen. Kroppenberg fragt, wie eine unbefangene und tolerante Kommunikation zwischen beeinträchtigten Menschen und nicht beeinträchtigten Menschen entstehen kann, wenn kein natürlicher Kontakt, beispielsweise in Form von gemeinsamen Lernen, stattfindet. Er

---

21 Hiermit ist nicht etwa eine Anpassung von behinderten Menschen an gesellschaftliche Durchschnittsnormen gemeint, sondern „[...] die Ermöglichung von Lebensrhythmen und -standards, wie sie auch für nichtbehinderte Menschen erstrebenswert sind." (Frühauf 2010, S.16).

betont darüber hinaus die Möglichkeiten des sozialen Lernens, die der gemeinsame Schulalltag bietet.

Bei einer integrativen Beschulung von Kindern mit Sprachbeeinträchtigungen können MitschülerInnen als sprachliche Vorbilder im Sinne von *peer-learning* wirken. RegelschulpädagogInnen würden sich auch für kommunikations- und sprachbeeinträchtigte SchülerInnen verantwortlich fühlen und somit im Sinne der Inklusion Vielfalt als Normalität anerkennen. Im Gegensatz zur Sprachheilschule würde Integration hierbei nicht nur als Zielvorstellung sondern auch als Weg verstanden werden (vgl. Schneider 2004a, S.35ff.).

Würde diese Position hier als „totale Integration" (vgl. ebd., S.32) bzw. als Umsetzung des inklusiven Konzepts möglichst ohne selektive Übergangslösungen interpretiert werden, erfordert ihre Umsetzung weitreichende Veränderungen wie beispielsweise die Auflösung des mehrgliedrigen Schulsystems und ein nachhaltig verändertes Selbstverständnis der Sonderpädagogik. Organisation und Verantwortung der Inklusion lägen dann vor allem in der allgemeinen Pädagogik (vgl. Hinz 2010, S.39, Albers 2010, S.53). Kein Kind darf demnach von der Inklusion ausgeschlossen werden, und weiterhin gesondert beschult werden. Es muss eine Lernumgebung geschaffen werden, in der alle Kinder lernen und an der alle Kinder teilhaben können. Den gemeinsamen Unterricht dürfen alle SchülerInnen besuchen, unabhängig von Art oder Schwere ihrer Beeinträchtigung, sozialer Herkunft, kultureller Hintergründe, religiöser Überzeugungen etc. (vgl. Hinz 2002, S.356f.).

Die geforderte Nichtaussonderung, die der Vorstellung der Umsetzung einer inklusiven Schule entspricht, ist idealisiert und auf die Zukunft ausgerichtet. Konkrete Vorschläge für eine Neuorientierung des deutschen Bildungs- und Sprachheilsystems sowie die Weiterentwicklung bestehender Strukturen in Richtung Inklusion werden in der Sprachheilpädagogik nur vereinzelt (bspw. bei Glück und Mußmann) erarbeitet.

Eine schnelle Auflösung des Sprachheilwesens ist aus Sicht der meisten SprachheilexpertInnen nicht zielführend. Problematisch wäre zudem, dass bei der Einführung einer *Schule für alle*[22] das Mitspracherecht der Kinder und Eltern bei der Wahl eines Förderortes beschnitten würde (vgl. Glück/Mußmann 2009, S.215).

3.3 Gestuftes System sprachheilpädagogischer Förderung

Viele ExpertInnen der Sprachheilpädagogik sind sich bei einer Stellungnahme zum Thema Inklusion in einem Punkt einig. Solange notwendige Rahmenbedingungen, die gemeinsames Lernen erfordern, an der allgemeinen Schule nicht gegeben sind, müssen

---

22 Die Bezeichnungen „Schule für alle" und „inklusive Schule" werden in der Arbeit synonym gebraucht.

bisherige, bewährte Unterstützungssysteme und Strukturen erhalten bleiben und weiterentwickelt werden. Sprachheilschulen bilden im Vergleich zu bisher meist schlecht ausgestatteten Regelschulen eine bessere Möglichkeit für sprachbeeinträchtigte Kinder Integration als Ziel zu erreichen. Sie dürfen in keinem Fall ersatzlos abgeschafft werden (vgl. Schneider 2004a, S.36f., LG Bayern[23] 2009, S.2).

Ein gestuftes System, das die Pluralität der Förderorte erhält, ist sinnvoll, da eine inklusive Schule nicht innerhalb kürzester Zeit etabliert werden kann. Durch das Angebot mehrerer Förderorte kann auch dem Wahlrecht von SchülerInnen und Eltern entsprochen werden. Eine Bandbreite an Förderorten besteht in der Sprachheilpädagogik bereits länger, neben Sprachheilschulen existieren vielfältige Formen der Integration sowie verschiedene außerschulische Einrichtungen (vgl. Schneider 2004a, S.10 und S.37, Glück/Mußmann 2009, S.215). „Die Öffnung, Flexibilität und Vernetzung separierender und integrierender Schulformen sind zu fördern […]."(Schneider 2004b, S.345).

Die Sprachheilschule im Sinne der Durchgangsschule stellt weiterhin eine von mehreren Möglichkeit dar, Integration durch angemessene Förderung zu erreichen. Mußmann verweist auf Artikel 5 der UN-Konvention. „Besondere Maßnahmen, die zur Beschleunigung oder Herbeiführung der tatsächlichen Gleichberechtigung von Menschen mit Behinderungen erforderlich sind, gelten nicht als Diskriminierung im Sinne dieses Übereinkommens." (Übereinkommen über die Rechte behinderter Menschen 2009, S.8). Die Sprachheilschule kann dieser Ausnahmeregelung entsprechen, da sie hohe Rückschulungsquoten an allgemeine Schulen vorweisen kann (vgl. Mußmann 2009b, S.2).

Sprachheilschulen könnten sich jedoch auch zu Kompetenzzentren „Sprache" weiterentwickeln. Das Kompetenzzentrum als fachliche Basis und Koordinator für Inklusionsprozesse übernimmt verschiedenste sprachheilpädagogische Aufgabenbereiche und stellt Unterstützungsressourcen zur Verfügung. Angebote könnten u.a. Elternberatung, direkte Sprachtherapie, schulartübergreifende Fortbildungen sowie Unterstützung des gemeinsamen Unterrichts sein (vgl. Glück 2010, S.9).

Die VertreterInnen eines gestuften Systems plädieren dafür, bestehende Strukturen zu nutzen und keine vorschnellen Entscheidungen bezüglich Umstrukturierungen zu treffen. Veränderungen im Schulsystem brauchen Zeit und sollten sorgfältig und reflektiert geplant werden. Neben strukturellen Neuorientierungen müssen auch Prozesse der Veränderung von Einstellungen und Haltungen aller Beteiligten berücksichtigt werden, die ebenfalls Zeit beanspruchen. Eine übereilte Auflösung der Sprachheilschulen wäre hierbei

---

23 Die Quelle „Deutsche Gesellschaft für Sprachheilpädagogik Landesgruppe Bayern, e.V." wird hier und im weiteren Verlauf der Arbeit unter der Abkürzung „LG Bayern" geführt.

kontraproduktiv (vgl. Schneider 2004a, S.37).

Am gestuften System kann kritisch angemerkt werden, dass durch Aufrechterhaltung verschiedener Förderorte die Entwicklung zur inklusiven Schule erschwert wird. Solange Sprachheilschulen bestehen, könnte der konkrete Handlungsbedarf bezüglich Veränderung der Rahmenbedingungen an allgemeinen Schulen verkannt und Selektion weiterhin praktiziert werden. RegelschulpädagogInnen könnten sich beispielsweise nicht, wie es die Inklusion fordert, für sprachbeeinträchtigte Kinder verantwortlich fühlen und diese ohne intensive Auseinandersetzung an die Sprachheilschule verweisen. Es besteht folglich die Gefahr, wie bereits die Integrationspraxis zeigt, dass nur Kindern mit leichten sprachlichen Beeinträchtigungen Zugang zum gemeinsamen Unterricht ermöglicht wird. Kinder mit komplexeren Sprachbeeinträchtigungen oder Mehrfachbehinderungen bleiben unterdessen an der Sprachheilschule, die bei einer Zunahme integrativer Förderorte immer mehr zur „Restschule" wird (vgl. Hinz 2002, S. 356ff., Albers 2010, S.57).

Kurzresümee

Die Positionen aus der Sprachheilpädagogik zur gemeinsamen Beschulung lassen sich nicht polarisierend in pro und contra abgrenzen. Das von Homburg benannte „ambivalente Verhältnis" der Sprachheilpädagogik zur Integration wird auch beim Thema Inklusion deutlich. Einerseits wird die Sprachheilschule aufgrund ihrer Ausnahmestellung im Sonderschulwesen verteidigt, da sie als Durchgangsschule Integration als Ziel erreichen kann. Andererseits begrüßen VertreterInnen der Sprachheilpädagogik die Entwicklungen zur Inklusion sprachbeeinträchtigter Kinder und tragen neue Ideen zur Weiterentwicklung der Sprachheilschule bei (vgl. Schneider 2004a, S.32ff., Homburg 1986, S. 212, Glück 2010, S.9).

Die meisten ExpertInnen der Sprachheilpädagogik vertreten den Standpunkt, dass bisherige Strukturen, insbesondere die Sprachheilschulen, erhalten bleiben müssen, solange allgemeine Schulen keine angemessenen Rahmenbedingungen für gemeinsames Lernen geschaffen haben. Hierbei entsteht ein Dilemma. Einerseits wird eine abrupte Auflösung des Sprachheilwesens von VertreterInnen der Sprachheilpädagogik abgelehnt, wie auch die Kritik am Beispiel Bremen zeigt (vgl. Schneider 2004a, S.37, Bielfeld 2006, S.13). Andererseits, solange Strukturen bestehen, die Selektion ermöglichen, werden diese auch in Anspruch genommen und können Entwicklungen zur inklusiven Schule behindern (vgl. Albers 2010, S.57). Beispielsweise könnten RegelschulpädagogInnen keinen Anlass sehen, sich mit Sprachbeeinträchtigungen auseinanderzusetzen, solange es weiterhin die Möglichkeit gibt, sprachbeeinträchtigte SchülerInnen an SprachheilpädagogInnen bzw.

Sprachheilschulen weiter zu reichen. Wie können angemessene Rahmenbedingungen für sprach- und kommunikationsbeeinträchtigte Kinder an der allgemeinen Schule entstehen, wenn SprachheilpädagogInnen nicht oder nur zeitlich begrenzt an allgemeinen Schulen arbeiten?

Aufgrund dieser Problematik ist die Sprachheilpädagogik im besonderen Maße dazu aufgefordert, Entwicklungen in Richtung inklusiver Schule mit zu planen, kritisch zu prüfen und aktiv mitzugestalten, indem sie ihr Fach- und Handlungswissen zur Verfügung stellt (vgl. Glück/Mußmann 2009, S.212). Glück und Mußmann appelieren an alle VertreterInnen der Sprachheilpädagogik am Prozess der Inklusion mitzuwirken.

> Es ist die ethische, politische und wissenschaftliche Verpflichtung [...] [der Sprachheilpädagogik] auf die Chancen aber auch auf die institutionellen, wissenschaftlichen und persönlichen Konsequenzen hinzuweisen, die sich aus einer Umstrukturierung des Bildungssystems von solcher Tragweite ergeben. (Glück/Mußmann 2009, S.212).

Die Sprachheilpädagogik muss demnach bei der Umsetzung einer inklusiven Schule auf Risiken und Möglichkeiten hinweisen, sowie Rahmenbedingungen optimierend mitgestalten. In den nächsten Kapiteln werden diese Bereiche diskutiert.

4. Risiken bei der Umsetzung inklusiver Bildung

4.1 Hindernisse durch bildungspolitische Strukturen

Inklusion erfordert in erster Linie Veränderungen an sozialen Systemen (vgl. Kapitel 1.2). Das zentrale Anliegen besteht darin, durch Abbau von Barrieren innerhalb eines Systems, hier innerhalb des Bildungssystems, die Teilhabe beeinträchtigter Menschen zu ermöglichen (vgl. Hinz 2010, S.42). Die Ausgangslage in Deutschland, die Struktur des deutschen Bildungssystems, lässt sich mit den Vorstellungen inklusiver Bildung nicht vereinbaren. Glück stellt fest, dass der Versuch den hohen ideellen Anspruch der Inklusion in einem „gegliederten, *föderalen* und unterfinanzierten Bildungssystem" umzusetzen, letztlich nur zu Frustrationen führen kann (vgl. Glück 2009, S.188). Die drei genannten Eigenschaften des deutschen Bildungssystems stehen der Entwicklung einer inklusiven Schule diametral entgegen (vgl. Albers 2010, S.53).

Die hoch selektive Gliederung des deutschen Bildungssystems geht auf die Annahme zurück, dass durch Differenzierung, auch in verschiedene Sonderschultypen, homogene Lerngruppen geschaffen werden, die durch ihre Separierung bessere Schulleistungen erreichen können. Diese These konnte längst für alle Schulformen widerlegt werden (vgl. Schneider 2004a, S.36). Trotz Wiederlegung der Annahme kann ein „selektives Denken" in der Gesellschaft weiterhin beobachtet werden, das zur Aufrechterhaltung des differenzierenden Bildungssystems führt. Als Beispiel kann die gescheiterte Bildungsreform in Hamburg genannt werden, bei der per Volksentscheid gegen ein längeres gemeinsames Lernen an der Primarschule entschieden wurde.

Unter dem Druck vorherrschender selektiver Strukturen und aufgrund des hieraus entwickelten selektiven Denkens aller Beteiligten (LehrerInnen, Eltern, PolitikerInnen etc.) könnten sich bei dem Versuch inklusive Strukturen zu schaffen erneut Fehlformen entwickeln, die sich mit den Grundsätzen der Inklusion nicht mehr vereinbaren lassen. Fehlentwicklungen der Integrationspraxis, die unter dem „[...] Anpassungsdruck an eine im wesentlichen unveränderte[n] Schule mit ihrer tradierten Normalität [...]" entstanden, könnten sich im Kontext der Inklusion wiederholen (vgl. Boban/Hinz 2003, S.4). Fehlentwicklungen sind vor allem Formen der „integrierten Selektion". Hier werden unter dem Vorwand der Integration Fördermaßnahmen ausschließlich in Form von äußerer Differenzierung durchgeführt, u.a. mit der Begründung, dass diese, aufgrund der vorherrschenden Bedingungen der Schule, besser verwirklicht werden können als der gemeinsame Unterricht. Sprachbeeinträchtigte Kinder erhalten innerhalb der integrativen Beschulung häufig sprachtherapeutische Maßnahmen isoliert und additiv, neben einem unveränderten Regelschulunterricht. Stigmatisierungsprozesse, die durch häufig durchgeführte äußere Differenzierung entstehen, können in der allgemeinen Schule stärker auftreten als in Sprachheilklassen (vgl. Mußmann 2009a, S.22, Glück/Mußmann 2009, S.214, Hinz 2002, S.356f.).

Als ein weiteres Hindernis benennt Glück die Länderhoheit. Auch hierdurch wird die Umsetzung einer *Schule für alle* erheblich erschwert. Jedes Bundesland hat unterschiedliche Voraussetzungen: Schulische und außerschulische sprachheilpädagogische Einrichtungen sowie integrative Formen unterscheiden sich zum Teil erheblich in ihren Strukturen (siehe Anhang). Zusätzlich befinden sich die Länder in verschieden Entwicklungsstadien der Integration, einige sind stärker integrativ ausgerichtet, andere weisen nur wenig integrative Organisationsformen auf und verfügen daher über weniger Erfahrungen im Bereich der Integration (vgl. Bildungsbericht 2010, S.69f.).[24] Es besteht die Gefahr, dass Länder und Kommunen sich über Verantwortlichkeiten und Zuständigkeitsbereiche für Umstrukturierungen, beispielsweise hinsichtlich der Finanzierung, nicht einigen können. Jedes Bundesland entwickelt somit eigene Strukturen und es entstehen paradoxerweise mehrere Formen der inklusiven

---

24 Die Quoten müssen hierbei in vielfacher Hinsicht vorsichtig interpretiert werden, da es große Differenzen zwischen den Ländern gibt, beispielsweise hinsichtlich der Kriterien für die Feststellung eines sonderpädagogischen Förderbedarfs (vgl. ebd.). Bei den Erhebungen kann darüber hinaus nicht festgestellt werden, inwieweit die angegebenen (sich selbst als integrativ bezeichneten) Organisationsformen dem Anspruch der Integration tatsächlich entsprechen.

Schule. Hierbei steigt das Risiko, dass sich Fehlformen entwickeln. Eine bundesweite Etablierung der inklusiven Schule hingegen könnte ein einheitliches System mit verbindlichen Standards schaffen.

Ein weiteres, zentrales Hindernis der Inklusion sind fehlende finanzielle Mittel für Investitionen in personelle und materielle Ressourcen. Viele SprachheilpädagogInnen befürchten, dass Umstrukturierungen zur Inklusion insbesondere von fachfremden EntscheidungsträgerInnen missbraucht werden, um Kosten einzusparen indem beispielsweise bewährte Strukturen und Institutionen der Sprachheilpädagogik ersatzlos abgeschafft oder Förderstunden reduziert werden (vgl. Schneider 2004a, S.36f.). Die dgs-Landesgruppe Bayern warnt davor, „[...] Inklusion als neue Möglichkeit der Kostenreduzierung im Bildungssystem misszuverstehen." (LG Bayern 2009, S.1). Wie bereits die integrative Praxis zeigt, sind Ideen der Theorie oftmals an fehlenden Ressourcen gescheitert. Zum Beispiel ist aufgrund des geringen Stundenkontingents der SonderpädagogInnen eine angemessene Zusammenarbeit mit der Klasse und den RegelschulpädagogInnen im gemeinsamen Unterricht nicht möglich. Zudem fällt Sprachförderung aufgrund des Einsatzes der SprachheilpädagogInnen zur Vertretung aus. Einsparungsbestrebungen zeigen sich u.a. darin, dass GrundschulpädagogInnen innerhalb von Kursen fortgebildet werden sollen, um spezifische Förderung der SprachheilpädagogInnen zu ersetzen (und damit auch das Zwei-Pädagogen-System zu umgehen). „Es ist aber eine Illusion, Lehrkräfte an Grundschulen in einem Schnellkurs zu Sprachheilpädagogen fortbilden zu können und zu erwarten, dass ein spezifisch sprachheilpädagogischer Unterricht in Klassen mit 30 Kindern möglich sei." (Mayer 2009, S. 113). Mayer spricht noch ein weiteres finanzielles Problem an. Die Klassenstärke der allgemeinen Schule muss für eine gelingende Inklusion stark verringert werden (vgl. Mayer S.113, Schneider 2004a, S.30f.). „Der Schulerfolg sprachauffälliger Kinder ist in einer großen Lerngruppe [...] und in einer wenig flexiblen Lernorganisation stark gefährdet." (Schneider 2004a, S.34).
Es bedarf unbedingt der Erhöhung personaler Ressourcen um binnendifferenziertes Arbeiten, beispielsweise in Form des Team-Teachings, zu ermöglichen. Darüber hinaus müssen materielle Ressourcen zur Verfügung gestellt werden, beispielsweise spezielle Medien oder Materialien für sprachtherapeutisches Arbeiten (weitere Voraussetzungen in Kapitel 6.2) (vgl. Schneider 2004a, S.31f.). Für die Finanzierung der inklusiven Schule sind somit keine Einsparungen möglich - das Gegenteil ist der Fall. Um alle Schulen, auch derzeitig weiterführende Schulen, Berufsschulen usw. für inklusive Bildung auszustatten, muss in das deutsche Bildungssystem investiert werden!
Letztendlich ist zu befürchten, dass Kinder mit sprachlichen und kommunikativen

Beeinträchtigungen im Zusammenhang mit einer nicht angemessenen Veränderung des Bildungssystems in Form eines umfassenden Reformprozesses bei der vermeintlichen Umsetzung von Inklusion verlieren werden. Der Inklusion gegenläufige Effekte wären zu erwarten, wie beispielsweise geringere spezifische Förderung oder erhöhte Stigmatisierungsprozesse durch integrierte Selektion.

4.2 Verlust von Professionalität

Im Diskurs um die Umsetzung von Inklusion steht die traditionelle Sonderpädagogik mit ihrer norm- und defizitorientierten Sicht und ihren Etikettierungsmechanismen stark in der Kritik (vgl. Kapitel 1.2). Forderungen von VertreterInnen der Inklusion reichen von „Umspezialisierung" und Umstrukturierung bis hin zur Auflösung der wissenschaftlichen Disziplin Sonderpädagogik und des Sonderschulwesens. Um Etikettierungen abzubauen und spezielle Zuständigkeiten zu vermeiden, soll zukünftig die allgemeine Pädagogik die Verantwortung für inklusive Prozesse übernehmen (vgl. Hinz 2010, S.37ff., Glück 2009, S.188).

Viele FachvertreterInnen der Sprachheilpädagogik stimmen in ihren Reaktionen auf die Forderungen nach Auflösung bzw. Umstrukturierungen der Sonderpädagogik überein. Eine Auflösung der Sprachheilschulen in naher Zukunft lehnen sie ab. Oberstes Ziel bei allen zukünftigen Veränderungen ist der Erhalt der Professionalität und Fachspezifität der Sprachheilpädagogik (vgl. LG Bayern, S.1f.).

Viele SprachheilpädagogInnen befürchten jedoch, dass es im Zuge von Umstrukturierungen zur Deprofessionalisierung der Sprachheilpädagogik kommt. Wird aber auf fundiertes, spezifisches Reflexions- und Handlungswissen verzichtet, entsteht eine grobe Vernachlässigung sprach- und kommunikationsbeeinträchtigter Kinder. Sprache stellt für die Teilhabe am gesellschaftlichen Leben eine Schlüsselkompetenz dar. Das Ziel der Teilhabe sprachbeeinträchtigter SchülerInnen durch institutionelle Umstrukturierung kann somit nur erreicht werden, wenn auf Fachwissen, u.a. über Sprache in ihren Funktionen und Modalitäten, über die natürliche und abweichende Sprachentwicklung sowie über die spezifische Gestaltung einer sprachlich-kommunikativen Lernumgebung, zurückgegriffen wird (vgl. Glück/Mußmann 2009, S.212ff.). Glück und Mußmann warnen: „Wer diesen wissenschaftlichen, schulstrukturellen und bildungspolitischen Veränderungsprozess gestaltet, ohne den Einbezug der bestehenden fachlich-spezialisierten Ressourcen [...] der Sprachheilpädagogik, agiert in jeder Hinsicht verantwortungslos." (Glück/Mußmann 2009, S.213).

Drei mögliche (Fehl-)Entwicklungen befürchten VertreterInnen der Sprachheilpädagogik bei der Umstrukturierung zur inklusiven Schule. Eine erste Gefahr sehen ExpertInnen der Sprachheilpädagogik in den Bestrebungen zur Vereinheitlichung der Sonderpädagogik und Ausweitung der Zuständigkeitsbereiche. Diese führen laut Glück, insbesondere bei unveränderten Ressourcen in der Lehrerausbildung und der Praxis, zu einer „gefährlichen Verflachung" sprachheilpädagogischer Professionalität (vgl. Glück 2009, S.188). „Die Einrichtung von störungsübergreifenden Förderzentren [...] birgt die Gefahr der Nivellierung und Aufgabe der Fachlichkeit, die für spezifisch sprachliches Lernen unabkömmlich ist." (Schneider 2004a, S.34). Eine zweite mögliche (Fehl-)Entwicklung in Folge einer Umstrukturierung besteht darin, dass die Lernbehindertenpädagogik aufgrund ihrer großen Zielgruppe dominiert und sprachheilpädagogische Professionalität nur noch eine marginale Rolle spielt. Da oftmals sprachbeeintächtigte SchülerInnen zusätzlich eine Lernbehinderung aufweisen, könnte diese in den Vordergrund gerückt und die Sprachbeeinträchtigung nur gering oder gar nicht mehr berücksichtigt werden (vgl. Schneider 2004a, S.34).

Die dritte (Fehl-)Entwicklung, die mit schulsystemischen Veränderungen einhergehen könnte, ist die Übernahme sprachheilpädagogischer Aufgaben durch außerschulische Institutionen, beispielsweise durch logopädische Praxen. Hierbei käme es zu einer Verschiebung von der pädagogischen Bildungsaufgabe innerhalb des Unterrichts hin zur medizinisch-therapeutischen Behandlung außerhalb der Schule. Es ginge sprachheilpädagogisch-didaktisches Wissen und Handeln verloren und statt des gemeinsamen Unterrichts würde eher isolierte Sprachtherapie stattfinden (vgl. Glück/Mußmann 2009, S.215f.). Diese Entwicklung würde darüber hinaus im starken Gegensatz zum Konzept der Inklusion stehen, da jenes rein additive Maßnahmen und ein vorwiegend symptomoierntieres Vorgehen ablehnt (vgl. Hinz 2010, S.42).

Die inklusive Schule strebt an, keine personenbezogene Zuordnungen von Unterstützungsressourcen vorzunehmen, da diese immer mit stigmatisierenden Etikettierungen verbunden sind. Stattdessen sollen dem System, der Schule, pauschal Ressourcen zugeteilt werden. Die Vermeidung von (administrativen) Etikettierungen richtet sich daher gegen die Feststellung eines sonderpädagogischen Förderbedarfs bzw. die Erstellung von sonderpädagogischen Gutachten (vgl. Hinz 2002, S.356ff, Albers 2010, S.64.f.). Einige diagnostische Verfahren, die stark medizinisch geprägt sind, könnten hierbei in Kritik geraten, da sie rein syptomorientiert vorgehen und folglich defizitorientierte Etikettierungen produzieren („Sigmatismus", „Dysgrammatismus"). Hinz schlägt vor, statt eines häufig eher defizitorientierten, einschränkenden Förderplans, stärker gemeinsame Reflexionsprozesse mit den SchülerInnen zu nutzen. Inwieweit nach einer pauschalen Zuordnung, (Förder-)Diagnostik möglich ist bzw. im Sinne des systemischen Ansatzes verändert werden müsste, wird nicht ganz deutlich (vgl. Hinz 2002, S.358). Die Vorgabe der Nicht-Etikettierung löst in der Sprachheilpädagogik Verwirrungen, Befürchtungen und Skepsis aus. Darf kein sonderpädagogischer Förderbedarf mehr festgestellt werden, stellt sich die Frage, wie angemessene, spezifisch sprachheilpädagogische Förderung gewährleistet werden kann. Es besteht die Gefahr des Kontrollverlusts und der Beliebigkeit, wenn Ressourcen nicht mehr personenbezogen, auf die individuellen Bedürfnisse eines Kindes abgestimmt werden, sondern pauschal zugeteilt werden. Eine pauschale Zuordnung von Unterstützungsressourcen kann einerseits nicht gewährleisten, dass PädagogInnen mit vertiefender Qualifikation im Bereich Sprache den Unterricht sprachbeeinträchtigter SchülerInnen mitgestalten, andererseits können jene Barrieren, die durch eine Sprachbeeinträchtigung entstehen, ohne fundierte Sprachdiagnostik nicht abgebaut werden. Ohne Feststellung des tatsächlichen Förderbedarfs ist professionelles sprachheilpädagogisches Arbeiten nicht mehr möglich. Der Förderbedarf muss, zumindest nach einer pauschalen Zuordnung, durch fundierte Förderdiagnostik weiterhin festgestellt werden können. Die Frage, wie hierbei die Zuordnung von spezifisch ausgebildeten SprachheilpädagogInnen gewährleistet werden kann, bleibt offen (vgl. Glück/Mußmann 2009, S.214ff., Hinz 2002, S. 358, Mayer 2009, S.110).

Den VertreterInnen der Sprachheilpädagogik ist es im Sinne des Erhalts der Spezifität besonders wichtig, dass die sprachheilpädagogische Lehrerausbildung erhalten bleibt und im Sinne der Inklusion weiterentwickelt werden muss (vgl. Glück 2010, S.10). Glück und Mußmann fordern dazu auf, sich für den Erhalt der Professionalität einzusetzen. Sprachheilpädagogische Fachlichkeit muss hierbei in die Gestaltung einer inklusiven Schule eingebettet werden. „Einer Deprofessionalisierung muss mit einer konzeptionell angemessenen Bereitstellung exklusiver Handlungskompetenzen in einem inklusiven Bildungssystem begegnet werden." (Glück/Mußmann 2009, S.215).

4.3 Schwierigkeiten bei der Umsetzung des gemeinsamen Unterrichts

Im Zusammenhang der inklusiven Beschulung von Kindern mit Sprachbeeinträchtigungen wird häufig die Gefahr der Enttherapeutisierung geäußert. SprachheilpädagogInnen befürchten, dass fachgerechte Förderung, in Form von sprachtherapeutischen Unterricht und Individualtherapie, stark vernachlässigt oder gänzlich ausfallen wird (vgl. Mußmann 2009a, S.20f.). Spezifisch sprachheilpädagogischer Unterricht sollte auch im inklusiven Kontext für sprachbeeinträchtigte Kinder gewährleistet werden. Mayer betont, „[...] dass viele spracherwerbsgestörte Kinder spezifische sprachheilpädagogische Maßnahmen zur Überwindung ihrer Beeinträchtigung benötigen, die im Normalfall von einem spezifisch ausgebildeten Sprachheilpädagogen geleistet werden sollten und nicht von einer Lehrkraft mit anderen fachlichen Schwerpunktsetzungen oder Regelschullehrern [...]." (Mayer 2009, S.108). Eine Enttherapeutisierung würde auch dann stattfinden, wenn ausschließlich unspezifische Sprachförderung im Sinne des sprachheilpädagogischen Unterrichts durchgeführt würde. Die Individualtherapie, die ein Prinzip sprachhheilpädagogischen Unterrichts darstellt, darf im Zuge von Veränderungen zur inklusiven Schule nicht herausfallen (vgl. Reber/Schönauer-Schneider 2009, S.14f., Mayer 2009, S.108ff.).

Da Therapie und Unterricht jeweils andere Strukturen und Zielsetzungen erfordern, ist ihre Verbindung ein Jahrzehnte altes Problem der schulischen Sprachheilpädagogik. Dabei ist die Verknüpfung von Therapie und Unterricht im Hinblick auf die Umsetzung des gemeinsamen Unterrichts elementar. Für einen inklusiven Unterricht fehlt es an sprachtherapeutischen Konzepten, die effektiv in einer größeren, heterogenen Lerngruppe im Unterricht eingesetzt werden können (vgl. Sasse 2003, S.117, Reber/Schönauer-Schneider 2009, S. 11).

Neben dem Prinzip der Individualtherapie, das in einer inklusiven Schule droht vernachlässigt zu werden, sind weitere Prinzipien sprachheilpädagogischen Unterrichts gefährdet. Das Prinzip der förderdiagnostischen Fundierung könnte im Sinne des inklusiven Konzepts in Frage gestellt werden (vgl. Kapitel 4.2). Es besteht das Risiko, dass im Zuge inklusiver Umstrukturierung der sonderpädagogische Förderbedarf nicht mehr festgestellt werden darf und damit auch förderdiagnostische Verfahren angezweifelt, vernachlässigt oder von fachfremden (Sonder-)PädagogInnen durchgeführt werden. Das Prinzip der förderdiagnostischen Fundierung ist jedoch auch im gemeinsamen Unterricht unbedingt aufrecht zu erhalten, um den individuellen Bedürfnissen der SchülerInnen entsprechend spezifische Unterstützungsmaßnahmen anbieten zu können. Darüber hinaus geht die sprachheilpädagogische Förderdiagnostik bereits in vielen Bereichen systemisch vor, beispielsweise durch eine Kind-Umfeld-Analyse (vgl. Hinz 2002, S.356f., Mayer 2009, S.110f.).

Die spezifisch akzentuierte Lehrersprache ist ein zentrales Merkmal sprachheilpädagogischen Unterrichts. Fördermaßnahmen mit Einsatz der Modelliertechniken erfordern eine ruhige und konzentrierte Arbeitsatmosphäre. „Die Komplexität des Unterrichts erfüllt diese Bedingungen in vielen Fällen nicht." (Lütje-Klose 2001b, S.269). Es besteht somit die Schwierigkeit, auch innerhalb des gemeinsamen Unterrichts Voraussetzungen zu schaffen, die den Einsatz sprachtherapeutischer Maßnahmen ermöglichen. Für den gemeinsamen Unterricht sollten RegelschulpädagogInnen in jedem Fall durch Kompetenztransfer mit

Sonderpädagoglnnen und durch Fortbildungen lernen, ihre Sprache als bewusstes Mittel einsetzen zu können. Auch das Multiperformanzprinzip sollten Regelschullehrerlnnen im gemeinsamen Unterricht berücksichtigen können. Es stellt sich die Frage, ob Pädagoglnnen nicht überfordert wären und schnell an ihre Grenzen gelangen, wenn sie neben dem Schulalltag neue didaktische Prinzipien erlernen und in den Unterricht einbinden müssen (vgl. Mayer S.111f., Lütje-Klose 2001b, S.267ff.). Die Problematik des Prinzips der Berücksichtigung aller Sprachebenen besteht darin, dass es noch nicht für alle Sprachebenen adäquate Konzepte für den Unterricht gibt. Hier besteht ein erhöhtes Risiko, dass Sprachebenen im gemeinsamen Unterricht vernachlässigt werden. Beispielsweise lassen sich Wortschatz- und Grammatikübungen gut in den Unterricht integrieren, wohingegen die Einbettung von Phonetik eine größere Herausforderung darstellt (vgl. Mayer 2009, S.112).

Die inklusive Strukturierung des Unterrichts erfordert eine Öffnung, um binnendifferenziertes Lernen zu ermöglichen. Offene Unterrichtsformen sind u.a. Projekt-, Stationen- und Wochenplanarbeit sowie differenzierte Gruppenarbeiten (vgl. Lütje-Klose 2001b, S.267). Mayer begegnet der Forderung nach offenen Lernmethoden für sprachbeeinträchtigte Kinder mit Skepsis. Die Kommunikation zwischen den Kindern, beispielsweise bei einer Gruppenarbeit, findet primär ungelenkt statt. Ihr fehlen sprachlich lernfördernde Elemente, die nur die Sprachheillehrkraft durch einen reflektierten Umgang mit Sprache ermöglichen kann (bspw. durch Modelliertechniken). Lehrerzentrierte Unterrichtsformen, in denen SchülerInnen hohe Sprechanteile ermöglicht werden, erachtet er daher in vielen Situationen als sinnvoller (vgl. Mayer 2003, S.15). Mayer konkretisiert: „Meines Erachtens ist für Kinder mit Sprach- und Lernproblemen eine sehr enge Strukturierung des Unterrichts notwendig […]." (Mayer 2003, S.15). Sasse warnt davor, dass ein offener und projektorientierter Unterricht nicht ausreicht, um Sprachentwicklungsstörungen angemessen zu berücksichtigen (vgl. Sasse 2003, S.117). Inklusiver Unterricht erfordert neben der Öffnung des Unterrichts kooperative Zusammenarbeit der Lehrkräfte. „Die Erfahrungen in Kooperationsklassen zeigen, dass die Kooperation zwischen Lehrkräften eine der größten Schwierigkeiten bei der Umsetzung integrativer Unterrichtung darstellt […]." (Schneider 2004a, S.27). Es kann zu Schwierigkeiten kommen, da Sonderschullehrerlnnen und Regelschullehrerlnnen aus verschiedenen Fachbereichen stammen und daher hinsichtlich ihrer Perspektive und des methodischen Vorgehens Unterschiede bestehen. Die Grundlagen einer gelingenden Kooperationsbeziehung sind Wertschätzung und Vertrauen. Ist diese Grundlage nicht gegeben, sind gemeinsame Unterrichtsplanung, Team-Teaching oder kooperative Beratungen nicht möglich (vgl. Schneider 2004a, S.27f.).

5. Chancen bei der Umsetzung inklusiver Bildung

5.1 Allgemeine Vorteile inklusiver Bildung

Das Konzept der Inklusion intendiert, Menschen mit Beeinträchtigungen die volle Teilhabe am gesellschaftlichen Leben zu ermöglichen. Die Menschenrechtskonvention über die Rechte von Menschen mit Behinderungen kann als ein Meilenstein auf dem Weg zur Inklusion hervorgehoben werden. Bielefeldt versteht die Konvention als Empowerment-Ansatz, der die Rechte auf Selbstbestimmung, Gleichberechtigung, Teilhabe und Diskriminierungsfreiheit betont. Die Überwindung des Defizit-Ansatzes, die ein Umdenken in der Sonderpädagogik erfordert, ist ein zentrales Ziel. Nicht mehr die Fürsorge und der Ausgleich vermeintlicher Defizite steht im Vordergrund, sondern die Akzeptanz und Wertschätzung von Vielfalt und die Ermöglichung eines selbstbestimmten, unabhängigen und barrierefreien Lebens. Die UN-Konvention interpretiert Behinderungen als gesellschaftliche Konstruktionen, die durch Beziehungen zwischen Menschen und durch Barrieren in der Umwelt entstehen. Durch diese Definition macht sie auf das strukturelle Unrecht beeinträchtigter Menschen aufmerksam und kritisiert Missstände in der Gesellschaft. Insofern kann die Menschenrechtskonvention einen Beitrag zur Humanisierung der Gesellschaft leisten (vgl. Bielefeldt 2009, S.4ff.).

Durch die Schaffung einer inklusiven Schule haben alle Kinder die Möglichkeit, eine wohnortnahe Schule zu besuchen. Kinder mit Beeinträchtigungen sind bei der Wahl ihrer Schule nicht mehr eingeschränkt und müssen keine langen Fahrtwege in Kauf nehmen. Darüber hinaus bleibt ihr soziales Umfeld erhalten, beispielsweise gehen sie mit Kindern aus der Nachbarschaft auf die gleiche Schule.

Aber nicht nur Kinder mit Beeinträchtigungen profitieren von einer inklusiven Schule, sondern alle Kinder und MitarbeiterInnen der Schule. Durch die Begegnung von beeinträchtigten und nicht beeinträchtigten Kindern im natürlichen Umfeld Schule können Berührungsängste abgebaut und ein Miteinander vielfältiger Persönlichkeiten erlernt werden. Hierbei wird das soziale Lernen bewusst durch die Lehrkräfte initiiert und gestaltet. Mit dem Grundsatz der Wertschätzung von Vielfalt geht die Vorstellung eines toleranten und kooperativen Zusammenarbeitens und -lebens aller Kinder und Lehrkräfte einher (vgl. Schneider 2004a, S.35, Boban/Hinz 2003, S.10f., Zielke-Bruhn 2002, S.62).

Kinder lernen in einer *Schule für alle* von Anfang an, Beeinträchtigungen als Normalität wahrzunehmen, da beeinträchtigte Kinder von vornherein selbstverständlich zur Klassengemeinschaft gehören. Die inklusive Schule ist zugänglich für alle Kinder, unabhängig von Ethnie, sozialer Herkunft, religiöser Überzeugung, Einkommen der Eltern, kognitiver Leistungsfähigkeit, Sprache, Beeinträchtigung etc. und geht hiermit einen wichtigen Schritt in Richtung einer demokratischen, toleranten und nichthirarchischen Gesellschaft (vgl. Glück/Mußmann 2009, S.212, Bielefeldt 2009, S.11). Die Unterschiedlichkeit der SchülerInnen wird im inklusiven Konzept nicht als Problem gesehen, das überwunden werden muss. Die Heterogenität der Lerngruppe wird als Chance für das gemeinsame Lernen mit- und voneinander verstanden. Die Vielfalt der Menschen wird als Bereicherung wahrgenommen, jeder Person wird Akzeptanz und Wertschätzung entgegen gebracht. Die Aufgaben der inklusiven Schule beziehen sich deutlich auch auf die Schaffung von Gemeinschaft, die Entwicklung von Werten sowie die Steigerung von Leistungen (vgl. Boban/Hinz 2003, S.10, Glück/Mußmann 2009, S.215). Durch die Wertschätzung von Vielfalt kann die inklusive Schule stärker auf die individuellen Bedürfnisse aller SchülerInnen eingehen. Sie fördert auch andere Gruppen, die von Marginalisierung bedroht sind, wie beispielsweise Kinder mit Migrationshintergrund oder Kinder aus sozialen Brennpunkten, indem sie Unterstützungsressourcen allen Kindern zur Verfügung stellt. Die besseren Ausgangsbedingungen, die durch die pauschale Zuordnung von Unterstützungsressourcen entstehen, können zur Chancengleichheit führen (vgl. Hinz 2002, S.357f.).

Entgegen der Befürchtung, dass gemeinsamer Unterricht die Leistungen der SchülerInnen verringert, wird in der Salamanca-Erklärung von einem höheren Leistungsdurchschnitt berichtet (vgl. Sander 2001, S.10). Ebenso kann eine inklusive Schule Voraussetzungen für den Eintritt in die Arbeitswelt schaffen. Im Rahmen einer heterogenen Klassenstruktur werden von Beginn an Schlüsselkompetenzen wie Team- und Kooperationsfähigkeiten, Umgang mit Vielfalt sowie problemlösendes Handeln erlernt.

An dieser Stelle sollte auch auf den „Index für Inklusion" hingewiesen werden, der dazu eingesetzt werden kann, inklusive Schulentwicklungen zu fördern. Der Index bietet die Möglichkeit, Entwicklungspotenziale zu entdecken, Reflexionsprozesse anzuregen und Probleme zu erkennen. Er gibt u.a. Anregungen, wie Ressourcen effektiver genutzt werden können und bietet Hilfestellung bei der Erarbeitung eines inklusiven Schulprofils. Die Dimensionen des Indexes bestehen aus: Inklusive Kulturen schaffen, inklusive Strukturen etablieren und inklusive Praktiken entwickeln (vgl. Boban/Hinz 2003, S.8ff.).

Insgesamt sei festzuhalten, dass alle Kinder von einer inklusiven Schule (die hier von optimalen Bedingungen ausgehend skizziert wurde) profitieren würden.

5.2 Chancen für Kinder mit sprachlichen Beeinträchtigungen

Kinder mit sprachlichen und kommunikativen Beeinträchtigungen haben in einer inklusiven Schule neben der Lehrkraft in ihren MitschülerInnen sprachliche Vorbilder. Innerhalb verschiedener Lernsettings kann peer-learning stattfinden. Die SchülerInnen mit sprachlichen Beeinträchtigungen sind in geringerem Maße von der Lehrkraft abhängig, die Beziehungen unter den SchülerInnen gewinnen an Bedeutung. Offene Unterrichtsformen wie Freiarbeit und Projektunterricht sowie kooperative Sozialformen (Partner- und Gruppenarbeiten) können verstärkt eingesetzt werden um u.a. soziale und kommunikative Fähigkeiten zu fördern sowie das Selbstkonzept zu stärken. Lütje-Klose betont: „[...] kooperative Prozesse der Kinder untereinander [haben] einen hohen Stellenwert, denn sie bieten die Chance voneinander zu lernen." (Lütje-Klose 2001a, S.96). Sprachbeeinträchtigte Kinder können innerhalb bedeutungsvoller Kommunikationssituationen mit MitschülerInnen ihre sprachlichen und kommunikativen Fähigkeiten erweitern, indem sie zum Beispiel kommunikative Absichten äußern und hierdurch eine Situation aktiv mitgestalten (vgl. Schneider 2004a, S.35f., Lütje-Klose 2001b, S.267ff., Lütje-Klose 2001a, S.106).

Sasse befürwortet eine gemeinsame Beschulung für sprachbeeinträchtigte SchülerInnen mit der Begründung, dass somit längere sprachheilpädagogische Förderung möglich wird. Oftmals besuchen Kinder mit sprachlichen oder kommunikativen Beeinträchtigungen die Sprachheilschule nur für eine begrenzte Zeit, zum Beispiel nur für die Primarstufe. Die Förderung in weiterführenden Schulen ist meistens nicht gesichert. Hierbei entsteht dann das Problem, dass SchülerInnen entweder an eine Sprachheilschule (zurück) überwiesen werden oder die Förderung in der weiterführenden Schule ganz ausbleibt. Durch eine inklusive Schule könnten sprachbeeinträchtigte Kinder auch in einem höheren Alter die Unterstützung erhalten, die sie benötigen (vgl. Sasse 2003, S.108, Schneider 2004a, S.35).

Zielke-Bruhn konnte durch eine Eltern- und Kinderbefragung[25] im Jahr 2002 den Erfolg eines Schulversuches aufzeigen, in dem sprachbeeinträchtigte Kinder in einer Grundschule integrativ beschult wurden. Die integrativ unterrichteten Kinder besuchten die Grundschule ein Jahr kürzer als die Vergleichsgruppe der Sprachheilklasse. Darüber hinaus erzielten die Kinder in der Integration zum Ende der Grundschulzeit von vier Jahren größere Therapieerfolge. Auch die weitere Schullaufbahn der Kinder, die gemeinsam beschult wurden, verlief deutlich erfolgreicher, als bei den Kindern der Sprachheilklasse (vgl. Zielke-Bruhn 2002, S.57ff.).

---

25 158 Eltern und SchülerInnen nahmen an der Befragung teil (vgl. Zielke-Bruhn 2002, S.56). Die Befragung soll hier nur als ein Beispiel genannt werden.

5.3 Möglichkeiten der Umsetzung des gemeinsamen Unterrichts

Wie können nun Elemente des sprachheilpädagogischen Unterrichts in den gemeinsamen Unterricht eingebettet werden, bzw. wie kann ein gemeinsamer Unterricht mit sprachbeeinträchtigten Kindern aussehen?

Seit Mitte der 90er Jahre ist sonderpädagogische Förderung offiziell vom Förderort unabhängig. Die Unabhängigkeit des Förderortes existierte in der Sprachheilpädagogik bereits vor der KMK-Empfehlung, zudem zählt sie zu den Prinzipien sprachheilpädagogischen Unterrichts. Folglich kann sprachheilpädagogischer Unterricht grundsätzlich, neben der Sprachheilschule, auch an anderen Lernorten stattfinden. Konzepte, wie beispielsweise die sprachlich und kommunikativ strukturierte Unterrichtsgestaltung oder sprachtherapeutische Methoden wie Modelliertechniken, sind nicht an die Sprachheilschule geknüpft, sondern können auch in inklusiven Settings eingesetzt werden (vgl. Glück/Mußmann 2009, S.217, Mayer 2009, S.113, Glück 2009, S.188).

Insofern können auch der sprachtherapeutische Unterricht von Braun sowie der sprachassistierende Unterricht von Seiffert an anderen Lernorten stattfinden. Die Vorgabe, dass das Therapieziel bei beiden Konzepten dem Bildungsziel unterzuordnen ist, stellt hierbei eine gute Voraussetzung dar. Eine rein additive Übernahme des sprachtherapeutischen bzw. sprachassistierenden Unterrichts bzw. spezifischer Techniken reicht für die Gestaltung eines inklusiven Unterrichts jedoch nicht aus. Eine Anpassung ist eingeschränkt, da die Konzepte für den Unterricht an Sprachheilschulen konzipiert wurden. Beide gehen beispielsweise von einer Sprachheillehrkraft als KlassenlehrerIn aus (vgl. Mußmann 2009a, S.22).

Vielversprechender sind daher jene Konzepte, die bereits die Möglichkeit einer integrativen Beschulung sprachbeeinträchtigter Kinder mit einbeziehen. Das Konzept des sprachheilpädagogischen Unterrichts von Reber/Schönauer-Schneider hat insofern aktuellen Wert für die Umsetzung des inklusiven Konzepts, als dass die AutorInnen bereits Aufgabenbereiche von RegelschulpädagogInnen integrieren sowie andere, von Marginalisierung bedrohte Gruppen (Kinder mit niedrigem sozioökonomischen Status, Kinder mit Migrationshintergrund etc.) in die Gestaltung des Unterrichts mit einbeziehen. Reber/Schönauer-Schneider gestalten in ihrem pädagogischen Handreichung einen Leitfaden sprachheilpädagogischen Unterrichts, der sowohl für SprachheilpädagogInnen als auch für allgemeine PädagogInnen relevant ist (vgl. Reber/Schönauer-Schneider 2009, S.11ff.).

Wie Elemente des sprachheilpädagogischen Unterrichts trotz benannter Schwierigkeiten im gemeinsamen Unterricht eingebettet werden können, zeigen Beispiele aus der

Integrationspraxis. Das Konzept der „Integrativen Sprach- und Kommunikationsförderung in der Grundschule" von Lütje-Klose ist eines, welches sich gut auf die Ideen der Inklusion übertragen lässt. (vgl. Lütje-Klose 2001b, S.267). Bei der integrativen Sprach- und Kommunikationsförderung werden die Ressourcen der Grundschule mit den sonderpädagogischen Ressourcen verbunden. SprachheilpädagogInnen und GrundschullehrerInnen arbeiten in enger Kooperation zusammen, beide sind gemeinsam für diagnostische Beobachtungen sowie die Planung und Gestaltung des Unterrichts und der Fördermaßnahmen verantwortlich. Die Zusammenarbeit findet u.a. in Form von gegenseitigem Kompetenztransfer, kooperativer Beratung (Unterrichtsplanung, Fallberatung) sowie Rollenwechsel von unterrichtsleitender und unterrichtsstützender Lehrkraft innerhalb des Team-Teachings statt. Die Heterogenität der SchülerInnen wird essentiell anerkannt und als Ausgangslage für die Unterrichtsplanung angenommen. Der Unterricht soll hierbei einerseits individualisiert werden, andererseits sollen bewusst Gemeinsamkeiten hergestellt werden (vgl. Lütje-Klose 2001a, S.94ff.).

Sprachfördermaßnahmen können in unterschiedlichen Lernsettings stattfinden, beispielsweise in offenen Formen des Unterrichts, innerhalb des Team-Teachings, in Kleingruppen oder in klassenübergreifenden Fördergruppen. „Grundsätzlich ist [...] dieselbe Bandbreite von immanenter und integrierter bis zu additiver und isolierter Sprachförderung möglich, wie in einer Schule für Sprachbehinderte." (Lütje-Klose 2001a, S.104). Hierbei sind Formen der inneren Differenzierung, immanente und integrierte Sprachförderung, im Sinne der integrativen Pädagogik zu bevorzugen (vgl. ebd., S.96ff.). Schneider weist darauf hin, dass bei äußerer Differenzierung, beispielsweise der Zusammenstellung einer Kleingruppe, Stigmatisierungen vermieden werden können, indem die Gruppe immer wieder neu gemischt wird und somit auch Kinder ohne Sprachbeeinträchtigungen daran teilnehmen. Die MitschülerInnen können als sprachliche Vorbilder wirken. Darüber hinaus genießen auch sprachunauffällige Kinder die Atmosphäre einer Kleingruppe, in der sie zusätzliche Aufmerksamkeit erhalten (vgl. Schneider 2004a, S.56). Sprachtherapeutische Arbeit in Kleingruppen oder Individualtherapie sollte hierbei stets in einem bedeutsamen Handlungszusammenhang zum Thema des Unterrichts stehen und nicht unverbunden neben dem Unterricht stattfinden. „Gemäß dem Prinzip „Arbeiten am gemeinsamen Gegenstand" (Feuser) wird angestrebt, die Lerngegenstände für Kinder auf unterschiedlichen Entwicklungsniveaus differenziert zu erarbeiten und Inhalte von Unterricht und sonderpädagogischer Förderung weitestmöglich aufeinander zu beziehen." (Lütje-Klose 2001a, S.97).

Das didaktische Prinzip der Handlungsorientierung, das auch zu den Prinzipien des sprachheilpädagogischen Unterrichts zählt, lässt sich in offenen Unterrichtsformen gut umsetzen. Darüber hinaus benennt Lütje-Klose für den gemeinsamen Unterricht relevante didaktisch Prinzipien wie Entwicklungsorientierung, Kooperation, Individualisierung sowie Strukturierung und Transparenz. Die zwei zuletzt genannten Prinzipien beziehen sich auf die Schaffung von Klassenraumformaten. Hiermit sind Rituale und klare, wiederkehrende Strukturen gemeint. Diese ermöglichen den SchülerInnen Sicherheit und schaffen ein Gerüst für Kommunikationskontexte. Auch die Förderdiagnostik ist ein zentrales Prinzip der integrativen Sprach- und Kommunikationsförderung. Hierbei spielt die Erfassung des Umfeldes des Kindes eine wesentliche Rolle. „Die Strukturen im Umfeld sind daraufhin zu untersuchen, inwieweit sie entwicklungsfördernde Bedingungen bieten." (Lütje-Klose 2001a, S.102). Die Diagnostik erfasst u.a. die aktuellen Förderbedürfnisse und Interessen des Kindes indem Interviews mit dem Kind, den Eltern und den LehrerInnen geführt werden. Förderziele, die sich aus der Diagnostik ergeben, beziehen sich zum Beispiel auf die Erweiterung der sprachlichen Handlungskompetenz und die Strukturierung der Lernumgebung (bspw. durch Klassenraumformate). Diese Form der Diagnostik, die vorwiegend systemisch vorgeht, ist gut vereinbar mit dem Konzept der Inklusion (vgl. Lütje-Klose 2001a, S.99ff.).

Abschließend soll an dieser Stelle ein Praxisbeispiel der integrativen Sprach- und Kommunikationsförderung skizziert werden, um die Möglichkeiten eines gemeinsamen Unterrichts aufzuzeigen. Das Unterrichtsprojekt wurde von der Autorin in Kooperation mit einer Grundschulpädagogin in einer zweiten Klasse durchgeführt. Das Bilderbuch „Zilly, die Zauberin" bildet die Grundlage des Projekts. Es dient u.a. zur Anregung von Gesprächen, Sprachspielereien, Rollenspielen oder künstlerischer Gestaltung. Die Szenen des Buches können zum Erzählen, Schreiben, Nachspielen, musischen oder kreativen Gestalten genutzt werden. Das übergeordnete Thema „Zaubern" entspricht den Interessen der SchülerInnen dieses Alters und „[...] gibt vor allem auch zurückhaltenden oder in ihrem Verhalten auffälligen Kindern die Chance, positiv aufzufallen." (Lütje-Klose 2001b, S.270) Es bietet darüber hinaus vielfältige Möglichkeiten zur Förderung sprachlicher und nonverbaler Strukturen sowie der Förderung des Selbstkonzepts. Die Kinder verkleiden sich und schlüpfen in die Rolle der Zauberin oder des Zauberers. Sie können sich in Form von Partnerarbeit gegenseitig Zaubertricks beibringen, indem sie Anweisungen geben oder ihre Handlung verbal begleiten (einen Zaubertrick erklären). Anhand des Vorführens eines Zaubertricks können Körperhaltung, Mimik und Gestik gefördert werden. Darüber hinaus kann das Kind Selbstvertrauen entwickeln, wenn es den anderen Kindern einen Zaubertrick vorführt, den nur es selbst kennt. Beim Einüben von Zaubersprüchen kann der Fokus auf die Aussprache gelegt werden.

Innerhalb des Projekts wurden Klassenraumformate eingeführt, um eine klare Struktur zu bieten, in der sich die Kinder orientieren und entwickeln können. Zu den Klassenraumformaten zählen u.a. Beginn der Stunde mit einem Zauberlied, Ablegen eines Zauberschwurs, verkleiden, um in die Rolle der Zauberin oder des Zauberers zu schlüpfen, Partnerarbeit zum Üben der Tricks und Aufnehmen der Zaubershow auf Video zur Vorbereitung einer Aufführung.

Innerhalb der Individualtherapie kann mit einem sprachbeeinträchtigten Kind ein neuer Zauberspruch oder Zaubertrick eingeübt werden, der dann anschließend, mit Unterstützung der Lehrerin, in der Klasse eingeführt wird. Das Lernen am gemeinsamen Gegenstand erhöht die Motivation und sichert Nachhaltigkeit. Sprachtherapie findet nicht unverbunden neben dem Unterricht statt, sondern ermöglicht dem Kind einen sinnvollen Handlungszusammenhang zum Unterrichtsthema herzustellen. Darüber hinaus kann es ein konkretes Ergebnis seines Lernens erkennen, die Vorstellung vor der Klasse bildet ein bedeutsames Erfolgserlebnis. Ebenso können Kleingruppen für die Sprachförderung gebildet werden, um beispielsweise Leseübungen, Besprechungen von Buchszenen oder Erfinden neuer Zaubersprüche einzubeziehen (vgl. ebd., S.270ff.).

Das Praxisbeispiel des Projektunterrichts zeigt, dass immanente und integrierte Sprachförderung im Unterricht möglich ist. Sprachförderung findet hier nicht gesondert statt, sondern eingebettet in einem sinnvollen und für die Kinder bedeutungsvollen Handlungszusammenhang (vgl. ebd., S.272.). „Das gemeinsame Ziel [der LehrerInnen] ist es, Lernumgebungen so zu gestalten, dass alle Kinder ihren Fähigkeiten gemäß lernen können – nicht nur in einzelnen Förderstunden, sondern im gesamten Unterricht." (Lütje-Klose 2001b, S.272).

Im folgenden Kapitel werden Begrenzungen inklusiver Bildung erarbeitet. Grenzen entstehen einerseits durch Widersprüche des inklusiven Anspruches zur Sprachheilpädagogik (Kapitel 6.1) andererseits durch nicht vorhandene Rahmenbedingungen, die für die Umstrukturierung zur inklusiven Schule geschaffen werden müssen (Kapitel 6.2).

6. Grenzen in der Umsetzung inklusiver Bildung

6.1 Widersprüche und Einschränkungen

Das problematische Verhältnis der Sonderpädagogik zum Anspruch der Inklusion entsteht durch die Rechtfertigung sonderpädagogischen Handelns durch den traditionellen

Behinderungsbegriff[26], der defizitorientiert ist und auf Vorstellung von Normen basiert. Aus Sicht der Sonderpädagogik entsteht eine paradoxe Situation, den Defizit-Ansatz zu überwinden und auf spezielle fachliche Zuständigkeiten zu verzichten und gleichzeitig Menschen mit Behinderung die volle Teilhabe am gesellschaftlichen Leben zu ermöglichen (vgl. Eberwein 2001, S.16ff., Hinz 2010, S.37ff.). Die Sprachheilpädagogik, die bereits ein ambivalentes Verhältnis zur Integration aufwies, muss sich auch beim inklusiven Konzept mit Gegensätzlichkeiten auseinandersetzen. Der Anspruch der inklusiven Bildung ruft Widersprüche zum traditionellen Selbstverständnis der Sprachheilpädagogik hervor. Hierzu zählt in erster Linie die Forderung, spezielle Zuständigkeiten abzubauen und folglich das Sprachheilwesen aufzulösen. Darüber hinaus entstehen Schwierigkeiten im Zusammenhang der Priorität systemischer Arbeit sowie bei der Vorgabe, im Sinne der Überwindung des Defizit-Ansatzes Etikettierungen zu vermeiden (vgl. Hinz 2010, S.39ff., Glück/Mußmann 2009, S.217f., Schneider 2004a, S.32ff.).

Die sofortige Auflösung der Sprachheilpädagogik und des Sprachheilschulwesens stellt aus Sicht der Sprachheilpädagogik eine deutliche Grenze inklusiver Bestrebungen dar. Solange angemessene inklusive Strukturen, die in jedem Fall *mit* der Professionalität der Sprachheilpädagogik gestaltet werden müssen, noch nicht vorhanden sind, kann einer Auflösung sprachheilpädagogischer Organisationsformen nicht zugestimmt werden. Sprachheilpädagogische Professionalität muss darüber hinaus auch für ein inklusives System erhalten bleiben (vgl. Kapitel 3.3 und 4.2).

Die Sprachheilpädagogik ist bisher überwiegend symptomorientiert und individualisiert vorgegangen, u.a. in der Diagnostik, in der Sprachtherapie, bei der Zuteilung von Ressourcen (in der Integration) und bei der Planung und Durchführung von Fördermaßnahmen. Dahinter steht das traditionelle Aufgabenverständnis, sprachbeeinträchtigte Kinder durch therapeutische Behandlung der Symptome zu rehabilitieren (vgl. Kapitel 3.1). Im Sinne der Inklusion muss an dieser Stelle ein Umdenken stattfinden. Anstatt vorwiegend personenzentrierte Maßnahmen einzusetzen (individuumszentrierter Ansatz), muss die Einbeziehung der Lernumgebungen und deren Strukturierung stärker fokussiert werden (systemischer Ansatz) (vgl. Hinz 2002, S.359). Die Bedarfe der Inklusion „[...] sind systemisch angelegt, d.h. sie verorten Herausforderungen oder das Problem nicht in einer bestimmten Person - z.B. einer 'behinderten' - sondern beziehen das Umfeld notwendigerweise in ihrer Betrachtung von Barrieren ein." (Hinz 2010, S.43).

---

26 Auch wenn innerhalb des inklusiven Konzepts Beeinträchtigungen stärker durch systemische Faktoren (Barrieren) beschrieben werden, kann auch hier eine personenzentrierte, defizitorientierte Sicht nicht ganz überwunden werden.

Prioritäten liegen somit in der Identifizierung und im Abbau von Barrieren, die im Lernkontext zu verorten sind. Barrieren für Kinder mit Sprachbeeinträchtigungen können beispielsweise in räumlichen Verhältnissen (hohe Nebengeräusche), in der zu komplexen sprachlichen Gestaltung von Medien (Texten, Arbeitsaufgaben) oder der Lehrersprache liegen (vgl. Glück/Mußmann 2009, S.214, Glück 2010, S.4). Auch wenn weitere Barrieren des Lernumfeldes eine Rolle spielen und die sprachlich-kommunikative Gestaltung der Lernumgebung einen hohen Stellenwert erhält, müssen trotzdem auch weiterhin *die* Barrieren benannt werden können, die unmittelbar aus der Sprachbeeinträchtigung in Interaktion zu anderen Personen entstehen (zum Beispiel, dass ein Kind nicht verstanden wird). „Kinder [...], die Sprache, sei es in mündlicher oder schriftlicher Form, durch Wort, Bild oder Bewegung, nicht erwartungsgemäß verwenden oder verstehen können, werden in ihrer Teilhabe an der Gesellschaft behindert." (Glück/Mußmann 2009, S.212f.). Hier wird, zumindest indirekt, doch wieder ein Defizit in der Person festgestellt, das an Normen orientiert ist. Soll beispielsweise eine Aussprachestörung behoben werden, die ein Kind in seiner sozialen Teilhabe einschränkt, müssen neben der Gestaltung einer kommunikativ und sprachlich fördernden Lernumgebung auch sprachtherapeutische Maßnahmen stattfinden, die ein symptomorientiertes Vorgehen erfordern (vgl. Glück/Mußmann 2009, S.214). Zwischen dem Anspruch der Inklusion, primär systemisch vorzugehen und dem Anspruch der Sprachheilpädagogik, individualisiert und sprachtherapeutisch zu agieren, darf keine „Entweder-Oder"-Entscheidung entstehen, beide Vorgehensweisen haben ihre Berechtigung. „Nur in der Integration systemisch-situationsorientierter und individuell-problemorientierter Perspektiven kann Sprachheilpädagogik erfolgreich ihre Fähigkeiten in der inklusiven Schule [...] entfalten." (Glück 2009, S.189). Die Strukturierung der Lernumgebung reicht bei sprachbeeinträchtigten Kindern meist nicht aus, um alle Barrieren abzubauen. Bei der Gestaltung individuumszentrierter, sprachtherapeutischer Maßnahmen sei jedoch stärker darauf zu achten, dass diese in den Handlungskontext des Unterrichts sinnvoll eingebettet werden (vgl. Kapitel 5.3).

Hieran schließt sich auch die Diskussion um die Nicht-Etikettierung an. Es muss weiterhin möglich sein, Probleme beeinträchtigter Kinder zu erkennen, sie zu benennen und spezifische Störungen auf der jeweiligen Sprachebene zu beschreiben. Beeinträchtigungen können nicht dadurch behoben werden, indem sie nicht mehr thematisiert werden. In Brandenburg zum Beispiel darf der sprachheilpädagogische Förderbedarf, unter dem Vorwand (Motsch versteht es als Maßnahme zur Kostenreduzierung) der Vermeidung einer „vorzeitigen Selektion", erst ab dem dritten Schuljahr festgestellt werden, d.h. auch Förderdiagnostik findet hier nicht statt. Eine frühe sprachliche Diagnostik ist jedoch unbedingt erforderlich, um Bedingungen zu identifizieren, die die Sprachentwicklung gefährden. Die sensiblen Erwerbsphasen müssen genutzt werden, um vorbeugend sprachheilpädagogisch zu arbeiten (vgl. Motsch 2009, S.22, Glück 2009, S.188, Bielefeldt 2009, S.6). „Präventives Arbeiten ist aus Sicht der Sprachheilpädagogik weniger ein vorschneller Akt der Etikettierung denn ein Vermeiden späteren Scheiterns." (Glück 2009, S.188).

Wie die administrative Etikettierung aufgehoben werden kann und gleichzeitig der Forderung nach sprachheilpädagogischer Professionalität für sprachbeeinträchtigte SchülerInnen entsprochen werden kann, ist unklar. Auch bei einer pauschalen Zuordnung muss in jeden Fall gewährleistet werden, dass Förderdiagnostik zu einem frühen Zeitpunkt von SprachheilpädagogInnen durchgeführt werden kann. Diagnostische Verfahren können hierbei verstärkt systemisch vorgehen, indem sie beispielsweise die Kinder stärker in die Gestaltung ihrer Lernprozesse miteinbeziehen (gemeinsame Reflexion) (vgl. Lütje-Klose 2001a, S.100ff., Hinz 2002, 358).

Grenzen inklusiver Bildung aus Sicht der Sprachheilpädagogik entstehen somit dort, wo Fachspezifität nicht mehr gewährleistet ist, wo der Förderbedarf, zumindest innerhalb der Klasse, in Form von umfassender Förderdiagnostik nicht mehr festgestellt werden darf und wo ausschließlich systemisch gearbeitet werden soll und personenorientierte therapeutische Maßnahmen keinen Platz mehr finden.

Innerhalb dieser Einschränkungen muss die Sprachheilpädagogik jedoch auch im Bezug auf Umstrukturierungen zur inklusiven Schule ihr professionelles Selbstverständnis hinterfragen und verändern. Ein starres Festhalten traditioneller Sichtweisen würde Grenzen zur inklusiven Bildung aufrecht erhalten. Zum Beispiel müssen Handlungskategorien und Zielsetzungen überdacht, neue Strukturen geschaffen und professionelle inklusive Konzepte erarbeitet bzw. weiterentwickelt werden.
Im gemeinsamen Unterricht mit sprachbeeinträchtigten Kindern gewinnt die Strukturierung einer sprachlich-kommunikativen Lernumgebung an Bedeutung. „[...] 'Sprachtherapie' ist der 'Förderung' als Gestaltung barrierefreier sprachlich-kommunikativer Lern- und Entwicklungsbedingungen untergeordnet" (Glück/Mußmann 2009, S.216). Darüber hinaus werden Methoden der inneren Differenzierung additiven Formen der Förderung vorgezogen. Bei der Gestaltung von äußerer Differenzierung sollte das Lernen am gemeinsamen Gegenstand ermöglicht werden (vgl. Glück/Mußmann 2009, S. 215ff., Lütje-Klose 2001a, S.97ff.).
Darüber hinaus muss sich die Sprachheilpädagogik mit neuen Handlungsfeldern für SprachheilpädagogInnen auseinandersetzen, wie beispielsweise die systemisch angelegte Beratung von Schulen, Koordination von Unterstützungsmaßnahmen oder die

Beratung von LehrerInnen (vgl. Glück 2010, S.5).

Im nächsten Kapitel werden weitere Bedingungen erarbeitet, die für eine Entwicklung in Richtung Inklusion geschaffen werden müssen.

6.2 Voraussetzungen und Bedingungen

Die Möglichkeiten, inklusive Bildung in Deutschland umzusetzen, werden vor allem dadurch begrenzt, dass notwendige Voraussetzungen und adäquate Rahmenbedingungen fehlen (vgl. Schardt 2009, S.1f.). Mit der Schaffung der im Folgenden genannten Bedingungen[27] erhöhen sich folglich die Chancen, das Konzept der Inklusion im Bildungssystem zu etablieren.[28]

Um die inklusive Schule[29] entwickeln zu können, sind vielschichtige Veränderungen im gesamten Bildungssystem vorzunehmen und damit äußere und innere Rahmenbedingungen zu schaffen, die ein gemeinsames Leben und Lernen ermöglichen. Um die vielfältigen Voraussetzungen, hier aus der Sicht der Sprachheilpädagogik, für inklusive Bildung zu systematisieren werden drei Ebenen hervorgehoben, auf denen komplexe Veränderungen stattfinden müssen. Diese Ebenen möchte ich wie folgt einteilen: Die *gedankliche und motivationale Ebene*, die *bildungs- und finanzpolitische Ebene* und die *prozess- und handlungsorientierte Ebene*.

Gedankliche und motivationale Ebene

Inklusion beginnt in unseren Köpfen. Die komplexe Idee des inklusiven Konzepts, das Ideal einer demokratischen, nichthierarchischen Gemeinschaft muss in Gedanken existent sein, damit es angestrebt werden kann. Die Entwicklung inklusiver Werte, wie beispielsweise die Akzeptanz und Wertschätzung aller SchülerInnen und MitarbeiterInnen einer Schule, ist zentral für die Schaffung einer inklusiven Gemeinschaft. Es geht um „[...] die Veränderung von Einstellungen und Haltungen, die Veränderung des Selbstverständnisses und des Menschenbildes einer ganzen Institution." (Hinz 2002, S.357). Dies stellt die wohl größte Herausforderung für die Entwicklung einer *Schule für alle* dar (vgl. Hinz 2002, S.357, Boban/Hinz 2003, S.10f.).

Die inklusive Schule kann nur auf der Freiwilligkeit aller Beteiligten beruhen. Wenn

---

27 Die folgende Aufzählung erhebt keinen Anspruch auf Vollständigkeit. Es können jeweils nur einzelne Beispiele (aus der Sprachheilpädagogik) benannt werden. Eine detailliertere und vollständige Liste wäre viel zu umfangreich für diese Arbeit.

28 Die Bedingungen beziehen sich hierbei auf die Schaffung einer inklusiven Schule (andere Bildungseinrichtungen wie bspw. Kindertagesstätten werden nicht berücksichtigt).
Es wird hierbei zudem nicht berücksichtigt, *ob* oder *wie* die Bedingungen realisiert werden können. Dieser Fokus wäre sehr komplex und würde den Rahmen dieser Arbeit überschreiten.

29 Weiterhin wird hier von einem Ideal ausgegangen, dass in seinem komplexen theoretischen Anspruch nur annähernd erreicht werden kann.

beispielsweise PädagogInnen, die gegenüber den Ideen der Inklusion eine uninteressierte oder negative Haltung einnehmen, verpflichtet werden, gemeinsamen Unterricht durchzuführen, sind negative Auswirkungen und Fehlformen zu befürchten (vgl. Sander 2004, S.241). Daher ist es besonders wichtig, Inklusion öffentlich zum Thema (der Schule) zu machen. Es sollten möglichst viele Informationen über Inklusion für alle MitarbeiterInnen der Schule, SchülerInnen, Eltern etc. zugänglich gemacht werden. Ängste und Zweifel müssen ernst genommen werden, ein offener und reflektierter Umgang ist wichtig (vgl. Boban/Hinz 2003 S.10ff., Schneider 2004a, S.31). Innerhalb der Schaffung inklusiver Kulturen „[...] sollen gemeinsame inklusive Werte entwickelt und an alle neuen KollegInnen, SchülerInnen, Eltern und Mitglieder der schulischen Gremien vermittelt werden." (Boban/Hinz 2003, S.15).

Es erscheint als enorme Aufgabe und Herausforderung, Sichtweisen, Haltungen und Einstellungen zu verändern. Hierbei müssen alle Menschen des schulischen Umfelds einbezogen und motiviert werden, inklusive Prozesse mitzugestalten. Insbesondere im Hinblick darauf, dass Strukturen des „selektiven Denkens", die durch das differenzierte Schulsystem in Deutschland besonders stark verwurzelt sind, aufgelöst und ihnen der Wert der Wertschätzung von Vielfalt entgegengesetzt werden muss (vgl. Hinz 2002, S.355ff.).

Denn solange es Eltern gibt, die davon überzeugt sind, Kinder mit Beeinträchtigungen behindern leistungsstarke Kinder, oder Lehrkräfte, die eine ablehnende Haltungen gegenüber gemeinsamem Unterricht einnehmen, oder eine Schulleitung, die sich mit den Ideen der Inklusion nicht identifizieren kann, ist der Weg zur inklusiven Schule stark begrenzt.

Bildungs- und finanzpolitische Ebene

Für die Entwicklung einer inklusiven Schule sind umfangreiche Veränderungen auf bildungspolitischer Ebene dringend notwendig. Hierbei spielt auch die Bereitstellung und Sicherung erforderlicher Ressourcen eine zentrale Rolle.

Der umfassende Reformprozess, der zum Teil radikale Veränderungen erfordert, bezieht sich beispielsweise auf den Abbau des mehrgliedrigen Schulsystems, die Umstrukturierung von Curricula (Möglichkeiten der Individualisierbarkeit), die stärkere Orientierung an individuellen Bezugsnormen (individuelle Leistungsbewertung) und den Abbau administrativer Ausgrenzungsverfahren (vgl. Hinz 2002, S.359, Albers 2010, S.53, Sander 2004, S.243, Schardt 2009, S.1).

Auch die Lehrerausbildung muss weitreichend erweitert und verändert werden, sodass alle zukünftigen Lehrkräfte auf die Arbeit in der inklusiven Schule und die hierdurch neu entstehenden Arbeitsfelder vorbereitet werden. Das bedeutet zum Beispiel, dass Regelschulpädagoglnnen sonderpädagogische Anteile in ihrem Studium erhalten und Sprachheilpädagoglnnen stärker Beratungs- und Kooperationskompetenzen erwerben müssen. Ebenso bedürfen die Ausbildungen von ErzieherInnen, SozialpädagogInnen und weiteren Berufsfeldern, die in inklusiven Bildungseinrichtungen tätig sein werden, umfangreicher Veränderungen. Zentral ist, dass bei einer Umstrukturierung von Studium und Lehre der Sprachheilpädagogik (und anderer sonderpädagogischer Fachrichtungen) Fachspezifität erhalten und weiterentwickelt werden muss (vgl. Glück 2010, S.10ff., LG Bayern, S. 5f.). „Nur durch standardisierte und kompetenzbezogene Ausbildungskonzepte an den Hochschulen sowie in den weiteren Phasen der Aus-, Fort- und Weiterbildung bleibt die Möglichkeit zu professionellem sprachsonderpädagogischem Handeln in einem inklusiven Bildungssystem gewährleistet." (Glück 2010, S.11).

Im Rahmen finanzpolitischer Maßnahmen müssen der inklusiven Schule angemessene räumliche, sächliche und personelle Ressourcen zur Verfügung gestellt werden. Die bauliche Gestaltung der Schule und ihrer Klassenräume ist zu überprüfen, auszubessern und zu erweitern. Für sprachbeeinträchtigte Kinder müssen die Räumlichkeiten beispielsweise so beschaffen sein, dass keine hohen Nebengeräusche oder starker Reflexionsschall entstehen kann. Darüber hinaus müssen genügend adäquate Räume vorhanden sein, um u.a. Kleingruppenarbeit oder Individualtherapie gestalten zu können (vgl. Glück 2010, S.4, Schneider 2004a, S.30f.).

Die materielle Ausstattung einer *Schule für alle* muss der Vielfalt seiner SchülerInnen gerecht werden. Hierzu zählen einerseits spezielle Ausstattungen von Klassenräumen, beispielsweise in Bezug auf Möbel oder technische Geräte. Andererseits müssen u.a. vielfältige Materialien zur Diagnostik und Förderung sowie veränderte Unterrichtsmedien zum Beispiel interkulturelle Kinderbücher, verschiedene Arbeitshefte, Materialien für Projekt- und Stationenarbeit bereit gestellt werden.

Eine der wichtigsten Bedingungen um Inklusion zu ermöglichen ist die Erhöhung personeller Ressourcen. Es muss unbedingt gewährleistet werden, dass die derzeitige Klassenstärke der allgemeinen Schule stark reduziert wird. Darüber hinaus müssen Voraussetzungen für binnendifferenziertes Lernen geschaffen werden. Dieses bedingt vor allem die Ermöglichung eines durchgängigen Zwei-Pädagogen-Systems. Um die Kooperation von zwei Lehrkräften, beispielsweise einer Grundschulpädagogin und einer Sprachheilpädagogin, regelmäßig, intensiv und kontinuierlich gestalten zu können, müssen den Lehrkräften Stundenkontingente u.a. für Vor- und Nachbereitung der Stunden oder kooperativer Fallberatung zur Verfügung stehen. Um die Kontinuität der kooperativen Arbeit gewährleisten zu können, dürfen keine Ausfälle durch Vertretungsunterricht o.Ä.

entstehen. Im Krankheitsfall einer Lehrkraft muss an der Schule eine Ersatzkraft eingesetzt werden können. Schneider weist darüber hinaus darauf hin, dass die zusätzliche Arbeit der RegelschullehrerInnen innerhalb der Kooperation finanziell honoriert werden muss (vgl. Schneider 2004a, S.31f., LG Bayern 2009, S.7). Darüber hinaus müssen auch Ressourcen für Fort- und Weiterbildungsangebote, fachliche Begleitung und Supervision bereitgestellt werden. Um diese Angebote nutzen zu können, sollten den LehrerInnen feste Stunden zur Verfügung stehen bzw. Fortbildungstage an der Schule ermöglicht werden (vgl. Schneider 2004a, S.31, Ziehlke-Bruhn 2002, S.56, LG Bayern, S.7).

Prozess- und handlungsorientierte Ebene

Auf der prozess- und handlungsorientierten Ebene geht es um das pädagogische Handeln im Schulalltag, um die (Weiter-)Entwicklung inklusiver Praktiken und um die Qualitätssicherung durch wissenschaftliche Begleitung und Evaluation inklusiver Prozesse.

Die Entwicklung einer inklusiven Schule ist ein nicht endender, dynamischer Prozess mit dem Ziel, die Lernmöglichkeiten und Teilhabe aller Kinder stetig zu steigern. Die *Schule für alle* wird durch ihre Entwicklungsprozesse, wie die Erarbeitung eines inklusiven Schulprogramms, die Weiterentwicklung des Schulprofils oder die kooperative Problemlösung im Team, sukzessive gestaltet. Voraussetzung ist somit auch die kontinuierliche Bereitschaft aller Beteiligten (u.a. Schulleitung, Lehrkräfte, Erzieherinnen), inklusive Prozesse mitzugestalten (vgl. Boban/Hinz 2003, S.10ff., Hinz 2002, S.357, LG Bayern 2009, S.6).

Die Entwicklung zur inklusiven Schule erfordert die Öffnung der Schule. Hierunter ist „ [...] die Öffnung der Institution Schule nach außen gemeint, indem sowohl externe Experten in den Unterricht eingeladen werden als auch unterrichtlich relevante Orte außerhalb des Schulgeländes aufgesucht werden." (Mußmann 2009a, S.46) Die Erschließung außerschulischer Lernorte spielt hierbei, im Sinne des Konzepts des lebenslangen Lernens, zur Steigerung der Bildungsteilhabe eine wesentliche Rolle. Darüber hinaus werden auch innerhalb des Unterrichts offene, lebensnahe und schülerzentrierte Formen und Methoden angestrebt, wie beispielsweise Projekt- oder Theaterarbeit (vgl. Mußmann 2009a, S.38ff.). Auch die Vernetzung der Schulen untereinander sowie die Vernetzung mit außerschulischen Partnern (Frühförderstellen, Jugendamt, PsychologInnen) und dem Stadtteil (Bürgerstiftung, SozialarbeiterInnen) können die Entwicklung inklusiver Strukturen unterstützen (vgl. Glück 2010, S.10).

Eine (Weiter-)Entwicklung von inklusiven didaktischen Konzepten und Methoden, die die

Heterogenität der SchülerInnen berücksichtigen und ihnen zur vollen Entfaltung ihrer Fähigkeiten verhelfen, ist elementar. Hier ist auch die Sprachheilpädagogik aufgefordert, spezifisch sprachheilpädagogische Konzepte für die Inklusion bereitzustellen (vgl. Entwurf von Glück/Mußmann 2009, S.212ff.).

7. Fazit

7.1 Resümee

Inklusion kann als eine vertiefende und verbesserte Weiterentwicklung von Integration verstanden werden. Der Inklusionsbegriff grenzt sich von einer von Fehlformen geprägten Integrationspraxis, die den integrativen Anspruch deformierte, ab. Das inklusive Konzept basiert auf dem Grundsatz der Diversität als Normalität. Heterogenität wird bewusst akzeptiert und wertgeschätzt. Die Übertragung des inklusiven Konzepts auf das System Schule bedeutet, dass alle Kindern unabhängig von Geschlecht, Kultur, Religion, sozialen Hintergründen, kognitiver Leistungsfähigkeit und Beeinträchtigungen[30] am gemeinsamen Lernen und Leben der Schule teilhaben. Die UN-Konvention kann hierbei als Meilenstein gesehen werden, der dieses und weitere Rechte für Menschen mit Beeinträchtigungen einfordert (vgl. Sander 2001, S.3f., Mußmann 2009a, S.22, Glück/Mußmann 2009, S.212, Albers 2010, S.52f.).

Die Sprachheilpädagogik verhielt sich zu Beginn der Integrationsdebatte zurückhaltend und entwickelte, u.a. aufgrund ihrer Ausnahmestellung im Sonderschulwesen, ein ambivalentes Verhältnis zur Integration. Ebenso werden auch Ambitionen einer Umstrukturierung zur Inklusion kritisch hinterfragt. Eine wesentliche Schwierigkeit sehen FachvertreterInnen in der Unvereinbarkeit des inklusiven Anspruches mit dem deutschen Bildungssystem. Sollten hier bildungspolitisch keine Weichen gestellt werden, wird es bei einer Umstrukturierung zu fatalen Fehlentwicklungen kommen. Darüber hinaus werden Befürchtungen der Deprofessionalisierung und Enttherapeutisierung genannt. Aus Sicht der Sprachheilpädagogik muss gewährleistet werden, dass spezifisch sprachtherapeutische Förderung und fundierte Förderdiagnostik von ausgebildeten SprachheilpädagogInnen durchgeführt werden. Die Prinzipien des sprachheilpädagogischen Unterrichts müssen auch in der inklusiven Schule angemessen berücksichtigt werden (vgl. Sasse 2003, S.107, Mayer S.108ff., Homburg 1986, S.212, Mußmann 2009a, S.21).

Sprachlich und kommunikativ beeinträchtigte Kinder würden von einer angemessenen Umsetzung der inklusiven Schule profitieren. Neben der Möglichkeit, durch eine

---

30 An dieser Stelle sind nur einige Heterogenitätsdimensionen aufgeführt.

wohnortnahe Beschulung das soziale Umfeld zu erhalten, kann das kooperative Lernen mit gleichaltrigen Kindern, die als Sprachvorbilder wirken können, die kommunikative und sprachliche Entwicklung sprachbeeinträchtigter SchülerInnen anregen. Mit dem Beispiel der integrativen Sprach- und Kommunikationsförderung von Lütje-Klose konnte gezeigt werden, wie gemeinsamer Unterricht mit sprachbeeinträchtigten Kindern adäquat gestaltet werden kann. Bei der kooperativen Zusammenarbeit einer Regelschullehrkraft und einer Sprachheillehrkraft wird gemeinsam Verantwortung für alle Kinder übernommen. Statt additiver Maßnahmen werden integrierte und immanente Formen der Sprachförderung innerhalb offener Unterrichtsformen durchgeführt. Im Zentrum steht die Orientierung am gemeinsamen Gegenstand und die Gestaltung einer kommunikativ und sprachlich anregenden Lernumgebung (vgl. Schneider 2004a, S.35, Lütje-Klose 2001a, S.94ff.).

Es ist deutlich geworden, dass die Umsetzung inklusiver Bildung ein verändertes Verständnis sonderpädagogischer Förderung erfordert. Während die Integrationspraxis auf personenbezogene Zuordnung von Ressourcen basiert (bspw. eine sonderpädagogische Lehrkraft ist für ein Kind mit sonderpädagogischen Förderbedarf zwei Stunden pro Woche zuständig), geht Inklusion von einem breiter gefächerten Verständnis von Unterstützung aus. Die Unterstützungsressourcen müssen allen SchülerInnen zur Verfügung gestellt werden und somit flexibel einsetzbar sein. Wie hierbei spezifisch sprachheilpädagogische Förderung für sprachbeeinträchtigte Kinder erhalten bleiben kann, ist fraglich. Die Sprachheilpädagogik macht daher auf Grenzen der Umstrukturierung zur *Schule für alle* aufmerksam.

Als zentrale Aussage gilt, dass die inklusive Schule spezifisch sprachheilpädagogische Professionalität braucht. Neben systemisch ausgerichteter Förderung sollten auch individuelle sprachheilpädagogische Fördermaßnahmen im Hinblick auf die Steigerung der Teilhabe sprachbeeinträchtigter Kinder erhalten bleiben. Probleme müssen weiterhin benannt und Sprachstörungen beschrieben werden dürfen, in einigen Fällen kann eine symptomorientierte Sprachtherapie den Abbau von Barrieren erzielen. Die Sprachheilpädagogik sollte sich innerhalb dieser Grenzen jedoch auch auf die Ideen einer inklusiven Schule einlassen und diese bewusst mitgestalten. Hierzu zählt beispielsweise, dass die Gestaltung der Lernumgebung an Bedeutung gewinnt, dass Förderdiagnostik stärker Reflexionsprozesse mit den Kinder nutzt oder dass additive Sprachtherapie stärker in den Unterricht eingebunden wird (vgl. Kapitel 5.3). SprachheilpädagogInnen sollten sich darüber hinaus für *alle* Kinder einer Klasse verantwortlich fühlen. Die Erarbeitung inklusiver Konzepte mit dem Schwerpunkt Sprache ist für die Gestaltung der *Schule für alle* notwendig (vgl. Albers 51ff., Hinz 2002, 355ff., Boban/Hinz 2003, S.14,

Glück/Mußmann 2009, S.212ff., Lütje-Klose 2001a, S.97ff.).
Wesentliche Bedingungen und Voraussetzungen, die für eine inklusive Bildung geschaffen werden müssen, wurden auf drei Ebenen dargestellt. Die Veränderung von Haltungen und Einstellungen aller Beteiligten des Umfeldes Schule ist hierbei die größte Herausforderung für die Etablierung einer inklusiven Schule. Aber auch die notwendige Bildungsreform ist eine riesige Aufgabe, da sie auf der Grundlage eines veränderten Verständnisses von Leistungen, Lernen und Teilhabe weitreichende Umstrukturierungen erfordert. Darüber hinaus sind Investitionen in räumliche, materielle und personelle Ressourcen entscheidend. Die inklusive Schule muss stetig reflektiert, verbessert und evaluiert werden (vgl. Hinz 2002, S.357ff., Boban/Hinz 2003, S.10ff., Sander 2004, S.243, Glück 2010, S.4, Schneider 2004a, S.31f.).

Bei der Beantwortung der Frage, auf welche Weise die inklusive Schule in Deutschland etabliert werden kann, herrscht hauptsächlich Konsens unter den VertreterInnen der Sprachheilpädagogik. Statt einer radikalen Auflösung bestehender Systeme zur Etablierung eines neuen (inklusiven) Systems präferieren VertreterInnen der Sprachheilpädagogik ein gestuftes System sprachheilpädagogischer Förderung. Hierbei soll die Pluralität derzeitiger Förderorte erhalten bleiben, bis angemessene Rahmenbedingungen geschaffen sind. Die Veränderungsprozesse benötigen Zeit und sollten nicht überhastet stattfinden. Um qualitativ hochwertige Förderung anbieten zu können sollten Veränderungen sorgfältig und systematisch kontrolliert geplant werden (vgl. Schneider 2004a, S.37, LG Bayern S.2).

Die Ausgangsfrage kann nur insofern beantwortet werden, als dass Ansätze und Richtungen aufgezeigt wurden, wie inklusive Bildung aus Sicht der Sprachheilpädagogik umgesetzt werden könnte, bzw. was eine Umsetzung behindert. Ein eindeutig richtiges Vorgehen kann es hierbei nicht geben. Vielmehr besteht die Umsetzung aus komplexen Prozessen und hängt von vielen Faktoren ab, auf die in dieser Arbeit zu großen Teilen hingewiesen wurde.

7.2 Stellungnahme und Ausblick

Die Frage nach einer möglichen Umsetzung inklusiver Bildung wurde hier ausschließlich aus Sicht der Sprachheilpädagogik erörtert. Inklusion muss jedoch grundsätzlich in noch viel größeren Dimensionen gedacht werden (allein vom Verständnis her verbietet sich im Prinzip eine einseitige Perspektive). Die Umsetzung der inklusiven Schule betrifft alle weiteren derzeitigen sonderpädagogischen Fachrichtungen, die allgemeine Pädagogik, die interkulturelle Erziehung und die Sozialpädagogik - um hier nur einige zu nennen. Es deutet sich an, mit welchem Umfang und enormer Komplexität zu rechnen ist. Hierbei besteht eine große Schwierigkeit darin, die Spezifität der Fachbereiche zu erhalten und gleichzeitig zu verknüpfen, um sie zu einer inklusiven (oder allgemeinen) Pädagogik zu vereinen. Es kann zum Beispiel nicht verlangt werden, dass SonderpädagogInnen alle sonderpädagogischen Fachbereiche übernehmen und abdecken können. Dies würde eine enorme Überforderung darstellen. Andererseits stellt sich bei einer Beibehaltung der Fachrichtungen die Frage, wie eine Zuordnung bei heterogenen Lerngruppen vorgenommen werden kann, um die jeweils benötigte Professionalität gewährleisten zu können.

In der Arbeit wurde nicht nach der Realisierbarkeit der Voraussetzungen und Bedingungen gefragt. Natürlich drängen sich jedoch Fragen nach der Wahrscheinlichkeit der Umsetzung der Bedingungen auf. Können in einer leistungsorientierten Gesellschaft an sozialen Bezugsnormen orientierte Noten abgeschafft werden? Sind deutsche PolitikerInnen bereit, umfangreiche finanzielle Mittel zur Verfügung zu stellen und das Schulwesen komplett „umzukrempeln"? Werden sich Haltungen und Einstellungen von InklusionsgegnerInnen ändern können?

Die Vorstellung einer inklusiven Gesellschaft ist ein Ideal und wird es auch bleiben. Aus dieser Feststellung darf jedoch nicht die Schlussfolgerung gezogen werden, dass sich Bemühungen, dieses Ideal anzustreben, nicht lohnen. Ganz im Gegenteil. Es bedarf des Ideals einer humaneren Gesellschaft, in der jede(r) wertgeschätzt und niemand ausgegrenzt wird. Diese Gesellschaft muss zumindest in unseren Gedanken existieren, sonst haben wir unsere Zukunft bereits aufgegeben (vgl. Feuser 1989, S.5f.).

Des Weiteren können wir uns diesem Ideal annähern, indem wir wichtige Schritte in Richtung Inklusion gehen. Jede(r) kann bei sich selbst anfangen. Wie sieht meine Haltung gegenüber Menschen aus, die einen anderen kulturellen Hintergrund haben als ich? Wie verhalte ich mich gegenüber Menschen mit Beeinträchtigungen? Es ist entscheidend, sich immer wieder selbst zu reflektieren, Einstellungen zu überdenken, Fehler einzugestehen und damit umzugehen. Darüber hinaus kann sich auch eine Schule diese(n) Fragen stellen und ihre Strukturen dahingehend überarbeiten, dass Ausgrenzungen abgebaut und Barrieren minimiert werden. Der „Index für Inklusion" bietet viele Fragen für Reflexionsprozesse sowie Anregungen und Hilfestellungen um Schulen inklusiver zu gestalten (vgl. Boban/Hinz 2003). Zudem können internationale Erfahrungen[31] genutzt werden, um Mut und Motivation zu entwickeln und Impulse zu gewinnen.

Meines Erachtens ist es wichtig für eine demokratische, pluralistische und nichthirarchische Gesellschaft einzutreten. Als zukünftige Lehrerin sehe ich es daher als

---

31 Wie etwa das Beispiel der kanadischen Provinz New Brunswick (vgl. Hinz 2010, S.43f.).

meine Aufgabe, inklusive Strukturen bewusst mit zu gestalten. Hierzu zählt u.a. Ausgrenzungstendenzen im Schulalltag wahrzunehmen und diesen entgegenzuwirken sowie inklusive Werte, wie die Wertschätzung aller Menschen, vorzuleben und zu vermitteln.

8. Quellenangaben

8.1 Literaturangaben

Braun, Otto: Integrative Pädagogik bei Kindern und Jugendlichen mit Sprachstörungen. In: Myschker, Norbert; Ortmann, Monika: Integrative Schulpädagogik. Grundlagen, Theorie und Praxis. Stuttgart [u.a.], 1999. S.216-237.

Braun, Otto: Bildung, Erziehung und Unterricht in der Sprachheilpädagogik. In: Grohnfeldt, Manfred: Lehrbuch der Sprachheilpädagogik und Logopädie Band 5. Bildung, Erziehung und Unterricht. Stuttgart [u.a.], 2004. S. 25-52.

Eberwein, Hans: Einführung in die Integrationspädagogik. 2.Auflage. Weinheim [u.a.] 2001.

Frühauf, Theo: Von der Integration zur Inklusion – ein Überblick. In: Hinz, Andreas; Körner, Ingrid; Niehoff, Ulrich: Von der Integration zur Inklusion. Grundlagen – Perspektiven – Praxis. 2. Auflage. Marburg, 2010. S. 11-32.

Glück, Christian: Zur Lage der Didaktik. In: Grohnfeldt, Manfred: Didaktik in der Sonderpädagogik. Festschrift zum 60. Geburtstag von Dr. Stephan Baumgartner. Würzburg, 2008. S. 33-64.

Grohnfeldt, Manfred: Zum Wandel sprachheilpädagogischer Aufgabenfelder in der Schule. In: Grohnfeldt, Manfred: Lehrbuch der Sprachheilpädagogik und Logopädie Band 5. Bildung, Erziehung und Unterricht. Stuttgart [u.a.], 2004. S.17-24.

Grohnfeldt, Manfred: Fachspezifität und Generalisierung in der Sprachheilpädagogik. Was bedeutet es für den Einzelnen? In: Grohnfeldt, Manfred: Didaktik in der Sonderpädagogik. Festschrift zum 60. Geburtstag von Dr. Stephan Baumgartner. Würzburg, 2008. S. 211-228.

Hinz, Andreas: Inklusion – historische Entwicklungslinien und internationale Kontexte. In: Hinz, Andreas; Körner, Ingrid; Niehoff, Ulrich: Von der Integration zur Inklusion. Grundlagen – Perspektiven – Praxis. 2. Auflage. Marburg, 2010. S. 33-52.

Lütje-Klose, Birgit (a): Spielen mit Zottel, Zaubern mit Zilly und andere Geschichten. Integrative Sprach- und Kommunikationsförderung in der Schule. In: dgs Doppelpunkt Westfalen-Lippe (Hrsg): Sprach-, Sprech- und Stimmstörungen. Pädagogisch-therapeutische Aspekte ganzheitlicher Unterstützung. Karlsruhe, 2001. 94-113.

Motsch, Hans-Joachim: Sprachheilpädagogik im Wandel. In: Schönauer-Schneider, Wilma; Baumgartner, Stephan: Sprachheilpädagogik im Wandel. Wenn Forschung Praxis verändert. Festschrift zum 60. Geburtstag von Prof. Dr. Manfred Grohnfeldt. Würzburg, 2009. S.17-40.

Mußmann, Jörg (a): Sprache und Kommunikation in informellen Lern- und Bildungskontexten. Sprach- und Kommunikationsförderung an außerschulischen Lernorten. Saarbrücken, 2009.

Projektgruppe Integrationsversuch [Hrsg.]: Das Fläming-Modell. Gemeinsamer Unterricht für behinderte und nichtbehinderte Kinder an der Grundschule. Weinheim [u.a.], 1988.

Reber; Karin, Schönauer-Schneider, Wilma: Bausteine sprachheilpädagogischen Unterrichts. München, 2009.

Sasse, Ada: Die schulische Integration von Schülerinnen und Schülern mit Sprach- und Kommunikationsbeeinträchtigungen. In: Eberwein, Hans; Knauer, Sabine: Behinderungen und Lernprobleme überwinden. Basiswissen und interationspädagogische Arbeitshilfen. Stuttgart, 2003. S. 107-119.

Schneider, Wilma (a): Schulische Kooperation – ein Weg zur Integration? Eine empirische Analyse der Integration durch Kooperation von Volksschule und Schule zur Sprachförderung, Kooperationsklassen in Dachau. Berlin, 2004.

Schneider, Wilma (b): Sprachheilschule, Förderzentren und integrative Schulformen. In: Grohnfeldt, Manfred: Lehrbuch der Sprachheilpädagogik und Logopädie Band 5. Bildung, Erziehung und Unterricht. Stuttgart [u.a.], 2004. S. 331-345.

8.2 Zeitschriftenartikel

Bielfeld, Kurt: Zum Wandel schulischer Aufgabenstellung in der Sprachheilpädagogik. In: Die Sprachheilarbeit. 2006. Jg. 51(1). S.12-20.

Glück, Christian; Mußmann, Jörg: Inklusive Bildung braucht exklusive Professionalität - Entwurf für eine 'Inklusive Sprachheilpädagogik'. In: Die Sprachheilarbeit. 2009. Jg. 54 (5). S. 212-219.

Glück, Christian: Drei aus der Theorie und Praxis gewonnene Ideen, wie man die ethische Zielvorstellung einer inklusiven „Schule für Alle" desavouieren kann. In: Die Sprachheilarbeit. 2009. Jg. 54 (5). S.188-189.

Hinz, Andreas: Von der Integration zur Inklusion - terminologisches Spiel oder konzeptionelle Weiterentwicklung? In: Zeitschrift für Heilpädagogik 53, 2002. S.354-361.

Homburg, Gerhard: Integration - die falsche Priorität? Thesen zu einem aktuellen Problem aus der Sicht der Sprachheilpädagogik. In: Die Sprachheilarbeit. 1986. Jg. 31 (4). S.208-213.

Lütje-Klose, Birgit (b): Möglichkeiten der integrativen Sprach- und Kommunikationsförderung in der Grundschule. In: Zeitschrift für Heilpädagogik 7, 2001. S.266-273.

Meyer, Andreas: Dimensionen sprachheilpädagogischen Handelns im Unterricht. In: Die Sprachheilarbeit. 2009. Jg. 54 (3). S.108-118.

Meyer, Andreas: Möglichkeiten der Sprach- und Kommunikationsförderung im Unterricht mit sprachentwicklungsgestörten Kindern. In: Die Sprachheilarbeit. 2003. Jg. 48 (1). S.11-20.

Sander, Alfred: Konzepte einer inklusiven Pädagogik. In: Zeitschrift für Heilpädagogik 5, 2004. S.240-244.

Seiffert, Heiko: Wie therapeutisch ist der sprachtherapeutische Unterricht? - Dimensionen sprachbezogener Interventionen im Unterricht bei Schülern mit dem

Förderbedarf Sprache. In: Die Sprachheilarbeit. 2008. Jg. 53 (3). S.147-153.

Zielke-Bruhn, Jürgen: Die gemeinsame Beschulung von sprach- und nichtsprachbehinderten Kindern an der Sternschule. In: Die Sprachheilarbeit 2002. Jg. 47 (2). S.55-62.

8.3 Internetquellen

Albers, Timm: Inklusion und sonderpädagogischer Förderbedarf - Historische Linien und gegenwärtige Anforderungen an ein verändertes Verständnis sonderpädagogischer Förderung. In: Heilpädagogik online. 2010 (1). S.52-74.
URL: http://heilpaedagogik-online.com/2010/heilpaedagogik_online_0110.pdf [Stand: 17.09.2010].

Booth, Tony; Ainscow, Mel: Der Index für Inklusion. Lernen und Teilhabe in der Schule der Vielfalt entwickeln. Übersetzt, für deutschsprachige Verhältnisse bearbeitet und herausgegeben von **Boban Ines; Hinz, Andreas**. Halle, 2003. URL: http://www.eenet.org.uk/resources/docs/Index%20German.pdf [Stand: 17.09.2010].

Bielefeldt, Heiner: Essay zum Innovationspotenzial der UN-Behindertenrechtskonvention. 3. Auflage. Berlin [u.a.], 2009. URL: http://www.institut-fuer-menschenrechte.de/fileadmin/user_upload/Publikationen/Essay/essay_zum_innovationspotenzial_der_un_behindertenrechtskonvention_auflage3.pdf [Stand:17.09.2010].

Feuser, Georg: Allgemeine integrative Pädagogik und entwicklungslogische Didaktik. 1989. (Hinweis: Die Seitenzahlen sind nur durch das Ausdrucken des Textes sichtbar.)
URL: http://bidok.uibk.ac.at/library/feuser-didaktik.html [Stand: 14.03.2011].

Glück, Christian: Mit Sprache teilhaben. Positionspapier der deutschen Gesellschaft für Sprachheilpädagogik e.V.. Berlin/Heidelberg, 2010. URL:
http://www.dgs-ev.de/fileadmin/bilder/dgs/pdf-dateien/Positionspapier_MitSprache_Inklusion.pdf [Stand: 18.09.2010].

Mußmann, Jörg: Teilhabe braucht Sprache. Pressemitteilung der deutschen Gesellschaft für Sprachheilpädagogik e.V.. 2009. URL:http://www.dgs-ev.de/fileadmin/bilder/dgs/pdf-dateien/dgs-Bund-Presseinfo_Inklusion_01_09.pdf [Stand: 25.09.2010].

Sander, Alfred: Von der integrativen zur inklusiven Bildung. Internationaler Stand und

Konsequenzen für die sonderpädagogische Förderung in Deutschland. 2001. (Hinweis: Die Seitenzahlen sind nur durch das Ausdrucken des Textes sichtbar.)
URL: http://bidok.uibk.ac.at/library/sander-inklusion.html [Stand 22.01.2011].

Schardt, Marianne: Inklusion braucht Professionalität - Gesellschaftliche Teilhabe ist das Ziel. Pressemitteilung des Verbands Sonderpädagogik e.V.. Würzburg, 2009. URL: http://www.lag-bw.de/index.php?menuid=18&downloadid=24&reporeid=48 [Stand: 20.09.2010].

Autorengruppe Bildungsberichterstattung: Bildung in Deutschland 2010. Ein indikatorengestützter Bericht mit einer Analyse zu Perspektiven des Bildungswesens im demografischen Wandel. 2010. URL: http://www.bildungsbericht.de/daten2010/bb_2010.pdf [Stand: 25.02.2011].

Bundesministerium für Arbeit und Soziales: Übereinkommen über die Rechte von Menschen mit Behinderungen. Zwischen Deutschland, Liechtenstein, Österreich und der Schweiz abgestimmte Übersetzung. Stand: 2009.
URL:http://www.bmas.de/portal/2888/property=pdf/uebereinkommen__ueber__die__rechte__behin derter__menschen.pdf [Stand: 19.12.2010].

Bundesministerium für Arbeit und Soziales, Referat Information, Publikation, Redaktion: Übereinkommen der Vereinten Nationen über die Rechte von Menschen mit Behinderung. (In englischer, französischer und deutscher Sprache sowie „Erklärt in leichter Sprache") Bonn, 2010. URL: http://www.bmas.de/portal/41694/property=pdf/a729__un__konvention.pdf [Stand: 19.02.2011].

Deutsche Gesellschaft für Sprachheilpädagogik, Landesgruppe Bayern e.V.: Förderschwerpunkt Sprache - Positionspapier der dgs-Landesgruppe Bayern. Freising, 2009. URL:
http://www.dgs-ev.de/fileadmin/bilder/dgs/pdf-dateien/bayern/dgs_Positionspapier_2009-01.pdf [Stand: 20.09.2010].

Kultusministerkonferenz: Pädagogische und rechtliche Aspekte der Umsetzung des Übereinkommens der Vereinten Nationen vom 13. Dezember 2006 über die Rechte von Menschen mit Behinderungen in der schulischen Bildung. Diskussionspapier der Kultusministerkonferenz. 2010. URL:
http://www.kmk.org/fileadmin/pdf/Bildung/AllgBildung/Diskussionspapier-Stand-29-04-2010.pdf [Stand: 25.09.2010].

9.1 Schwerpunkte sprachheilpädagogischer Schulbildung in den Bundesländern

Die folgende Tabelle gibt einen Überblick über schulisch sprachheilpädagogische Organisationsformen der einzelnen Bundesländer. Hierbei wurden weitere Förderschulen und sprachheilpädagogische Beratungszentren ausgenommen. Die Zusammenfassung stammt aus dem Jahr 2003 und wurde vollständig und inhaltlich unbearbeitet[32] übernommen (vgl. Schneider 2004b, S.340).

Baden-Württemberg	- Schulen für Sprachbehinderte, in der Regel 1.-4.Jahrgangsstufe - Integrativ: ambulanter Sprachheilunterricht → MSD als subsidiäre Hilfe - Kooperation: Außenklassen von Sonderschulen an allgemeinen Schulen
Bayern	- Schule zur Sprachförderung (vor allem 1.-4.Jg., z.T. Hauptschulstufe) - Ausbau des SFZ - Sonderpädagogische Diagnose- und Förderklassen - Integrativ: durch Prävention (Frühförderung), auf dem Weg (MSD, Kooperationsklassen), durch Kooperation (Projekte)
Berlin	- SFZ, z.T. fachspezifisch: Schwerpunkt Sprache - Sonderschulen, Sonderpädagogische Kleinklassen (besonders für sprachauffällige Schüler der Vorklasse bis 2. Jg.) - Sonderpädagogische Förderklassen (Zwei-Pädagogen-System, Dehnung des Lehrstoffes auf drei Jahre in Jg. 1-2) - kooperativer Schulverband (GS-SO, flexible Zusammenarbeit) - Integration: Fläming-, Uckermark-Schule, Einzelintegration → 1/3 der Schüler
Brandenburg	- Förderschulen für Sprachauffällige (1.-6. Jg.), meist ganztägig - Internat für Sprachauffällige (jedoch rückläufig) - Förderklassen für Sprachauffällige angegliedert an Grundschulen (nur 1.-2. Jg.) - Gemeinsamer Unterricht als Schwerpunkt
Bremen	- Auflösung der Sprachheilschulen; „Schule ohne Schüler" mit Beratungsstelle und Ambulanz - SFZ: als Organisationseinheit und Koordinierungsstelle für

---

[32] Zum besseren Verständnis wurden Abkürzungen zum Teil ausgeschrieben. Auf die schräge Schreibweise bei einigen Wörtern und auf die Nummerierung der Bundesländer wurde verzichtet.

	Fachkräfte: Schüler mit Förderbedarf integrativ in der allgemeinen Schule
Hamburg	- Sprachheilschulen mit Ambulanz, Beratungsstelle (auch Hauptschul- und Realschulzweig) - Integrative Regelklassen - Kombiklassen, Beobachtungsklassen
Hessen	- Sprachheilschulen, Sprachheilklassen - Förderung im Gemeinsamen Unterricht - Sonderschule als Beratungs- und Förderzentrum
Mecklenburg-Vorpommern	- Sprachheilschulen, z.T. Profilierung als sprachheilpädagogisches Förderzentrum - Sprachheilgrundschulklassen - Förderung im Gemeinsamen Unterricht (teil- + vollintegrativ) - LRS Förderung (LRS-Klassen, Kleinfördergruppen)
Niedersachsen	- Schulen für Sprachbehinderte (vor allem 1.-4. Jg.) - Sprachheilklassen an Schulen für Lernhilfe und an Grundschulen - Integrativ: Konzept der sonderpädagogischen Grundversorgung: Kinder mit sonderpädagogischem Förderbedarf in L,S,V in allgemeiner Schule (bis 4. Jg.) - MSD (zielgleiche Einzelintegration)
Nordrhein-Westfalen	- Schulen für Sprachbehinderte - sonderpädagogische Fördergruppe an der allgemeinen Schule - Gemeinsamer Unterricht, in integrativen Schwerpunktschulen vor allen im Primarbereich (rechtliche Gleichrangigkeit von gemeinsamen Unterricht und Sonderschule) - Integrative Grundschule (Versuch: Integration von L,E,S in die Grundschule des Wohnbezirks), Integrative Regelklassen
Rheinland-Pfalz	- Schulen mit dem Förderschwerpunkt Sprache: meist als Ganztagsschule - Kombination von Schulen für sprachauffällige und lernschwache Kinder in Halbtagsform - Schulversuch: Gemeinsamer Unterricht von Kindern mit und ohne Beeinträchtigung in Schwerpunktgrundschulen, die integrative Aufgaben übernehmen - Einzelintegrationsmaßnahmen, kooperative Maßnahmen freiwillig

Saarland	- Sprachheilschulen als Schwerpunkt - integrative Sprachförderklassen an Grundschulen - Prävention: Sprachförderunterricht zu Beginn der Schulzeit - Einzelintegration, Gemeinsamer Unterricht, Kooperationsmaßnahmen
Sachsen	- Sprachheilschulen, 1.-4. Jg. mit Außenstellen an Grund- und Mittelschulen - Überregionale sprachheilpädagogische Förderzentren - integrativ: Vollintegration, Teilintegration in einzelnen Fächern, Kooperation der Förderschule mit allgemeiner Schule
Sachsen-Anhalt	- Sprachheilschulen, nur bis 6.Jg.; keine Abschlussmöglichkeit - sonderpädagogische Förderung überwiegend in Sonderschulen - LRS-Klassen, jedoch von Abbau betroffen - integrativ: wenige Schüler betreut
Schleswig-Holstein	- Sprachheilgrundschulen, 1 Sprachheilinternatsschule: mit Intensivkursen für jugendliche Stotterer und Polterer, extreme Leseversager - Sprachheilgrundschulklassen an Förderschulen (nur 1.-2.Jg.) - Sprachheilkombiklassen an Grundschulen - integrativ: ambulanter Sprachheilunterricht; Sprachheilambulatorien
Thüringen	- Schulen für Sprachbehinderte, z.T. Ganztagsschulen - Regionale Förderzentren (L,V,S,K) → als Kernstück sonderpädagogischer Förderung - Integrative Beschulung durch MSD

Quellenangabe der Tabelle:

Schneider, Wilma: Sprachheilschule, Förderzentren und integrative Schulformen. In: Grohnfeldt, Manfred: Lehrbuch der Sprachheilpädagogik und Logopädie. Band 5. Bildung, Erziehung und Unterricht. Stuttgart [u.a.], 2004. S. 340-342.